AF275711

# SENTIMIENTOS ENCONTRADOS

# SENTIMIENTOS ENCONTRADOS

ANDREA LARA

Valparaíso
EDICIONES

# VALPARAÍSO POESÍA

Diseño de interior y maquetación: Chari Nogales
*www.charinogales.com @chari_nogales*

Ilustración de portada: francescoch

Primera edición: septiembre de 2024

© De los poemas: Andrea Lara

© Valparaíso Ediciones
C/ Fray Leopoldo, 7 bajo, 18014 Granada
*www.valparaisoediciones.es*

ISBN: 978-84-10073-68-5
Depósito Legal: GR 1092-2024

Impreso en España - *Printed in Spain*
Gráficas Gami

# SENTIMIENTOS ENCONTRADOS

# LLEGASTE

Llegaste cuando menos lo esperaba
y me hiciste ver que necesitaba
algo que ni siquiera contemplaba

Llegaste a calmar mis miedos
y a potencializar mis sueños
volviste llevaderos mis duelos

# PERDERTE

No quiero perderte
pero al mismo tiempo
no puedo prometerte
que serás lo único en mi mente

No quiero perderte
No quiero ser egoísta
Quiero vivir, sentir y disfrutar
sin perderte la pista

No quiero perderte
Te quise, te quiero y te querré siempre
Y eso hace tan difícil
el no verte

# CALMA

Y dentro de una máquina llena de ruido
lo único que yo escuchaba era tu voz

Y me tranquilizaba

Podía verte, podía sentir que me tocabas
y me asegurabas que todo iba a estar bien

Y me tranquilizaba

# PALABRAS

La pluma escribe
lo que el alma anhela
esperando que alguien más
quiera escuchar
lo que tiene que decir

# UN BESO

Contigo descubrí
    que un beso
es un poema sin palabras
hermoso, liberador
    emocionante
completamente único
y especial

# UN ABRAZO DE ESOS

Dame un abrazo fuerte
de esos
   que curan el alma
y hacen sonreír
   al corazón

# LÁGRIMAS

Las lágrimas son
los gritos del alma
Escúchala y déjala
   hablar
generalmente
tiene mucho que decir

# TU SONRISA

Es impresionante
  pero estoy segura
de que cada vez que sonríes
las estrellas en el cielo
brillan de felicidad

# FIN

Se crearon recuerdos
  Se cometieron errores
Por unos instantes
   no pensaron en razones
Pero las cosas pasan
Y no funcionó
Y así
algo que realmente
   nunca empezó
terminó

# LABERINTO

Tu mente es un laberinto
que muero por recorrer
sé que no será fácil
seguramente
  me voy a perder
Pero tengo la esperanza de encontrarte
y de alguna manera
encontrarme también

# ME FALTA Y ME SOBRA

Siento el corazón chiquito
Me falta el aire
y me sobran
  las ganas de llorar

# LA PALABRA QUE LO CAMBIÓ TODO

Le traicionó el subconsciente
dijo otro nombre
ese que llevaba tantos años
grabado en su mente

# A VECES ME PREGUNTO

¿Qué sientes cuando escuchas
  mi nombre?
¿Qué contestas cuando te preguntan
  quién soy?
¿También se llena tu mente de recuerdos
  y te duele un poquito el corazón?
¿O la única tonta que seguirá queriendo
aunque pasen los años
    soy yo?

# A LO MEJOR

A lo mejor todavía estás enamorado de mí. A lo mejor nunca lo estuviste. A lo mejor siempre lo estarás. A lo mejor no era nuestro momento y un día lo será. A lo mejor pienso mucho en algo que no debería. A lo mejor nuestra historia solo fue, es y será lo que ya se escribió.

# TU MIRADA

Y siendo amante de la lectura
con años de práctica
leyendo entre líneas
descifrando personajes
    y espacios en blanco
los versos más difíciles de leer
fueron esos que sin saberlo
a través del brillo de tus pupilas
escribías
      sin siquiera pensarlo

# DUELE

Me duele verte
porque verte me hace recordar
momentos que quiero olvidar

Me duele verte
porque te leo y me lees
y no hay manera de escapar

Me duele verte
porque te quiero y te necesito
y no lo puedo evitar

Me duele verte
porque no puedo corresponderte
y entonces no sé cómo actuar

Me duele verte
porque verte es confirmar que te perdí
y no lo quiero aceptar

# OLAS

Se dejó arrullar por el sonido de las olas
Mientras la arena acariciaba su piel
No tenía las respuestas a las preguntas
    en su mente
Pero el mar le estaba dando la fuerza
para encontrarlas
aunque eso significara
algunas veces caer

# ¿POR QUÉ?

Si nunca fuimos nada
¿por qué sigues
    moviéndome todo
con tan solo una llamada?

# LA BRISA DE TU VOZ

En la brisa secreta de tu voz
aprendí dos cosas
Nada me tranquiliza tanto
    como escucharte
ni me altera tanto
    como escucharte
y no entenderte

# LAS NUBES

Y mientras estaba acostada
   boca arriba sobre el pasto
le daba nombre
   a las figuras de las nubes,
sin saber que las estrellas
que las habían creado
se divertían
      tanto como ella

# H.M.T.L.D

Aprendí que un por siempre
no llega solo por decreto
Gracias por enseñarme a construir
un hoy y un mañana
todos los días

# DÉJATE CAER

Tu mundo se está derrumbando,
caminas sin saber bien
    dónde estás pisando.
Tu mente da mil vueltas,
tu cuerpo ya no puede más
¿por qué en lugar de dejarte caer
te fuerzas para seguir intentando?
Sabiendo que si sigues así
un día
vas a terminar explotando

# UN DÍA A LA VEZ

Y no importa cuánto te lo digan
nunca se vuelve más fácil
pero sí mucho más llevadero

# PESADILLAS VS. REALIDAD

Volviste mis peores pesadillas
   realidad
¿Ahora a quién voy a correr?
Si el único que puede hacer
que deje de llorar
es culpable de las lágrimas
y las heridas
que no sé cómo
lograré sanar

# EL AMOR DE TU VIDA

Pasamos mucho tiempo
buscando al amor de nuestra vida
sin entender que el primer paso
para encontrarlo
es encontrándonos a nosotros
mismos

## AMAR Y ESTAR ENAMORADO

Al final me di cuenta de que no estabas enamorado de mí, me amabas, eso sí lo sé, pero, a veces, se nos olvida que amar a alguien y estar enamorado de alguien no es lo mismo.

# PROMESAS

Me mentiste, me rompiste
y luego
   simplemente te fuiste
Sigo sin creerlo
¿Dónde quedó todo lo que
   a través de los años
      fuiste prometiendo?

# ¿DÓNDE QUEDÉ YO?

Te di tanto sin darme cuenta
que hizo falta que te fueras
para ver
que ya solo quedaban
pedazos de mí

# MALDITA MEMORIA

Me acuerdo de todo
Cada palabra, cada beso
   cada sonrisa
Me acuerdo de todo
Tu mirada, tu mano en la mía
y todo lo que sentía cuando
    Te veía
Me acuerdo de todo
Sin embargo, no logro recordar
Por qué nunca nos dimos
Una oportunidad de verdad

# SERENDIPIA

Y llega alguien
que sin darte cuenta
Logra que olvides
que tienes roto el corazón
Y por eso duele el doble
cuando esa persona
que te ayudó a sanar
tu corazón en cachitos
te vuelve a dejar

# PRIORIDADES

Cómo esperas ser la prioridad de alguien
si aun siendo su última opción
siempre los pones primero

Cómo esperas ser la prioridad de alguien
si eliges estar mal tú
con tal de que estén bien ellos

Cómo esperas ser la prioridad de alguien
si tú no te pones
a ti primero

# SEÑALES

Te sueño seguido
y en mis sueños de alguna manera
me vuelves a decepcionar
Creo que es mi subconsciente
diciéndome
que el peor error
sería algún día
volverlo a intentar

# QUE TE GENERE CALMA

Y te das cuenta
  de que existen
lugares, momentos y personas
con la capacidad de reiniciarte
    el alma
Es ahí cuando entiendes
que no vale la pena
todo aquello
que no te genera calma

# MOMENTOS

Nuestras miradas se cruzaron
solo por unos segundos
y, aun así, tu sonrisa
quedará guardada
para siempre
    en mi memoria

# VIAJAR EN EL TIEMPO

No sé por qué
las personas dicen
que no se puede viajar
  en el tiempo
si solo con verte
regresé
diez años en dos segundos

## SE PUEDE

Creí que no iba a poder sin ti
que los días se volverían eternos
   y el dolor insoportable
Que mi cuerpo explotaría de tantas palabras
sin tener con quien hablar 24/7
Que mi mente se llenaría de recuerdos
Que se volverían grises por no poderlos
     compartir contigo
Que mis ojos perderían el brillo
   y mi sonrisa su luz
Que mi vida no sería la misma
y no sabría cómo actuar
Creí que, sin ti, nada valdría la pena
Y no voy a mentir, así fue por un tiempo
hasta que me di cuenta de que sin ti
todo vale más
porque gracias a que te perdí
me forcé
a volverme a encontrar

# ANSIEDAD

Su ansiedad
  se presentó en carne y hueso
Reveló su presencia
    surgiendo a toda velocidad
Estaba en el centro
y se precipitó entre ellos
provocando una terrible confusión
Hábilmente
    esquivaron sus indiscernibles
evoluciones
envolviéndose y acortándolas
    como para recoger fuerza
y deshacer un espectáculo feroz

# MELIFLUO

Entre las personas
se puso a buscar
Estaba dispuesta a encontrar
un sonido que la hiciera vibrar
Conversación tras conversación
    se puso a escuchar
sin descubrir
ese sonido que añoraba
    encontrar
A punto de rendirse
por fin lo encontró
El silencio más lindo
que las palabras
  en su interior
      despertó

# INEFABLE

Dicen que la vida
está llena
de momentos increíbles
que te quitan el aliento
y te devuelven la razón
Se la viven buscando estos momentos
sin darse cuenta
de que lo inefable
es el simple hecho
    de vivir

# SERENDIPIA II

Y si te pones a analizarlo,
la vida es una
serendipia andando.
De alguna manera
uno SIEMPRE encuentra
lo que no está buscando

# LIMERENCIA

Solo con verlo
las mariposas en el estómago
y los escalofríos
invaden tu piel
tu corazón se acelera
y en tu mente hay un solo pensamiento
Él
Inconscientemente le pides al universo
que ese estado de limerencia
no se termine
ya te acostumbraste a vivir en él

# ¿EN QUÉ MOMENTO?

Realmente no se cómo lo lograste
tal vez fue la elocuencia de tu voz
o que sin ser poeta utilizabas las palabras
 a tu favor

Tal vez fueron tus abrazos
o la forma en la que un beso
me reiniciaba el corazón

Tal vez fueron los momentos
a los que me aferré
para enmascarar el dolor

Tal vez fue que llegaste
en el momento justo
y me dejé ir
sólo escuchando al corazón

Realmente no se cómo lo lograste
pero me enamoré
 como nunca en la vida
Y tú me dejaste caer
 sin explicación ni despedida

# EFÍMERO

Efímero
como la sensación de un abrazo
de alguien que no volverás a ver

Efímero
como el viento cuando de repente
toca tu piel

Efímero
como el cruce de miradas
que nunca mas se volverán a ver

Efímero
como nuestro amor
que simplemente
    un día se fue

# DÉJAME IR

No quisiera tener que pedirlo
pero siento que no tengo otra opción
y después de lo que hiciste
creo que merezco un favor
No me busques, no me llames
No intentes obtener un perdón
No me pienses cuando tengas un problema
No me tientes el corazón
No te fijes en lo que hago
o dejo de hacer
Por una vez en la vida
  suéltame
      Déjame SER

# EN PROCESO

El dolor no va a desaparecer
Es un proceso
y tiene que doler
Cuesta trabajo
pero sí vas a poder
Aprovéchalo
Úsalo como energía
    para empezar otra vez

# ES MOMENTO

Por primera vez en mucho tiempo
no te soñé
Pasé un día entero sin pensarte
No lo puedo creer
Todavía me dueles
Pero ya no me mueves
Es momento de olvidarte
y volver a creer

# AMISTAD

Qué sería de mí sin ustedes
que siempre están dispuestos
   a escuchar

Qué sería de mí sin ustedes
que no juzgan y aconsejan
   sin que tenga que preguntar

Qué sería de mí sin ustedes
sin sus risas, sus abrazos
   y las anécdotas por contar

Qué sería de mí sin ustedes
sin sus regaños cuando me equivoco
   y ya no sé cómo actuar

¿Qué sería de mí sin ustedes?
No lo sé,
   pero no lo quiero averiguar

# SOLO TÚ Y YO

Todos opinan
Todos creen saber
Pero solo tú y yo lo vivimos
y ni siquiera nosotros
    logramos entender

# ALGÚN DÍA

Lo veo en tus ojos
Lo siento a flor de piel
Tu lugar es conmigo
y sé que en el fondo
lo sabes también
Los dos tenemos miedo
y muchas cosas que arreglar
Estoy segura de que nuestro momento
algún día va a llegar
porque algo tan grande y sincero
como nuestro amor
no se puede evitar

# CUANDO TOCO TU PIEL

Solo basta con rozarte para que todas las células de mi cuerpo te recuerden. Por unos instantes es como si nunca te hubieras ido, todo a mi alrededor desaparece y mi mente se llena de recuerdos. Qué ironía que son justo esos recuerdos los que me hacen volver a la realidad. Resulta que basta solo con rozarte para recordarme que sería una estupidez regresar.

# ROTA

Usé tanto tiempo la frase
"me rompiste el corazón"
que me la creí
y echarte la culpa
en lugar de ayudarme
solo me rompió más
Poco a poco me di cuenta
de que la culpa la tenía yo
Me rompiste, porque te dejé entrar
Me rompiste, porque te di
        todo el poder
Y hoy, lo pienso recuperar
Fue hasta ese momento
que empecé a sanar

# LO QUE QUIERES VS. LO QUE NECESITAS

Quiero un amor que dure toda la vida
Necesito un amor que me valore
 día a día
Quiero ser feliz
 Necesito entender que la felicidad
se construye día con día
Quiero no volver a llorar
 Necesito entender que las lágrimas
también ayudan a sanar

# SOLEDAD Y ESTAR SOLA

Puede que la veas sola
Pero realmente nunca lo está
Aprendió hace algún tiempo
lo bonito que era estar consigo misma
y sentirse en paz

# ENCONTRÉ

Cuando te fuiste
te llevaste pedazos de mí
que sabía que no podría recuperar
Creía que sin ellos
no iba a poder avanzar
pero, en lugar de aferrarme
los solté
y nuevas piezas para completarme
poco a poco encontré

# PRIMERO

Vas a conocer a alguien
que te cambie la vida
Pero primero
tienes que estar dispuesto
a mejorar día con día
Amarte, necesitarte y
    quitarte los miedos
Porque si tú no estás dispuesto
a amarte y elegirte
cómo esperas que alguien más
lo haga primero

# YA ENTENDÍ

Me tardé
Me costó
Lo sufrí
Pero ya entendí
después de llorarte un río
Me di cuenta de que no merecías
mis lágrimas

# NO ENCUENTRO EXPLICACIÓN

Cómo es que tú disfrutabas
mientras ella gritaba
    Y no de placer
Por qué seguías
mientras te suplicaba que pararas
    y la dejaras huir
¿Fue el remordimiento lo que te llevó
  a matarla?
Espero que cada noche
su mirada desesperada
te atormente el alma

# APRENDIZAJE

Después de muchos años aprendí que las personas nunca van a dar lo mismo que tú. Que, sin importar qué hagas, alguien siempre va a opinar y no a todos les va a gustar. Haz las cosas porque quieres, no porque tienes que. Acuérdate de que al final a la única persona a la que le debes una explicación es a ti, entonces haz todo con lo que puedas vivir.

## *NOISE*

Nadie mete tanto ruido
como alguien que no tiene
nada bueno que decir
sin embargo, quiere hablar
Hay que identificar a estas personas
y no dejar que sus palabras
nos afecten de más

# CAMBIAR LA NARRATIVA

Deberíamos aprenderle a los niños esa increíble habilidad para cambiar la narrativa. Es impresionante cómo logran así vivir felices, día a día. Si nosotros lo lográramos, haríamos mil veces más fácil nuestra vida.

# CULPAS

Culpé a la vida, te culpé a ti
Me culpé a mí misma
Estaba perdida, lo tengo que admitir
Me enojé, me puse triste
Perdí la esperanza
Todo salía mal
Buscando respuestas
Las preguntas
   se empezaron a multiplicar
Fue cansado
   no te voy a engañar
Pero, de alguna manera, seguí caminando
sin saber dónde iba a parar
Y finalmente encontré la luz
en ese camino
   lleno de oscuridad

# ATRAPADA

Estoy atrapada en mi cuerpo
ahogándome en mis pensamientos
huyendo
de todo, de todos
especialmente de mí
Y no importa cuánto lo intente
No puedo escapar
No lo puedo controlar
Mi cuerpo está enfermo
no me quiere escuchar
Me gustaría saber qué hacer
Me gustaría que todo acabara mañana
Me gustaría que fuera solo una pesadilla
Me gustaría tener las respuestas
Daría TODO por escapar
pero...
sé que no se va a terminar mañana
Sé que no es solo una pesadilla
Sé que no voy a obtener las respuestas
Pero, a lo mejor, mañana
podré escapar
   aunque sea por unos momentos
de todo esto
Que ya no me deja estar

# PODER

Te toma segundos destruir
lo que tardé años en construir
Así descubrí el lado positivo
   de dejarte ir
ya que, a veces
ni yo misma dimensionaba
el poder
   que podías llegar a tener
      sobre mí

# NO ERA AMOR

No era amor
Era una constante lucha de poder

No era amor
Era un sube y baja de emociones
 que nunca logramos entender

No era amor
Eran dos polos opuestos
que por unos años se atrajeron
 sin realmente saber por qué

No era amor
Era una ilusión enorme
 y muchas ganas de aprender

No era amor
Era un mundo nuevo
 que juntos decidieron recorrer

No era amor
 pero se parecía mucho
por unos momentos lo llegaron a creer
por eso dolió TANTO
 verlo desaparecer

# CERRAR CICLOS

Te amé como a nadie
  Me rompí como nunca
Te lloré más de lo que debía
  Me dolió más de lo que creerías
Te odié, creí que era más fácil
Te superé, me tomó bastante tiempo
Cerré el ciclo y hoy te recuerdo
    sonriendo

# NO PUEDO OLVIDARTE

No puedo olvidarte
Y vaya que lo intenté...
Descubrí que no se trata de olvidarte
sino de soltarte
Tú y tus recuerdos
no pueden ni deben desaparecer
Existen y existieron
  y ahora eres eso
un capítulo en mi vida
que cerraré y guardaré

# PERFECCIÓN

No todo va a salir como esperas, pero eso no debe evitar que lo vuelvas a intentar. Respira, tu cabeza es muy fuerte, pero tú le puedes ganar. Detente, normaliza y empieza a actuar, conforme a lo que sientes, no a lo que crees que debes lograr. Confía en tus instintos, generalmente tienen la razón, y lo que opine la gente no debe ser motivación. Mientras no lastimes a nadie, lo estás haciendo bien, y no importa si te caes, no estás solo, el chiste es seguir. Todo va a estar bien.

## PARA MI YO DEL PASADO

Te extrañé hoy
La manera en la que reías
La manera en la que hablas
La manera en la que sentías
    que podías lograr todo lo que soñabas

Te extrañé hoy
La manera en la que pensabas
La manera en la que amabas
La manera en la que vivías
    Simplemente disfrutabas

Te extrañé hoy
    y me dejaste pensando
No sabía que era posible
extrañarme tanto

# ESCÁNDALO

Si hablo
  nadie escucha
Si no grito
  nadie me hace caso
Sigo esperando el día
en que mi voz sea tomada en cuenta
sin necesidad de hacer escándalo

# ME DUELE EL ALMA

¿Con qué se quita uno el dolor del alma?
Lo he intentado todo
y no logro encontrar la calma
Me falta el aire
todo el tiempo quiero llorar
mi mente necesita
un momento para respirar

# ATARDECER

El cielo se volvió rosa
Ella empezó a sonreír
   su mente empezó a volar
Era impresionante la calma
que el cielo en ella podía provocar
El brillo de sus ojos
ni con el de las estrellas
  se podía comparar

# DEJAR IR Y SEGUIR ADELANTE

Te dejé ir hace años
cuando decidiste
que era ella y no yo
Entonces,
¿por qué no puedo seguir adelante?
Mi corazón todavía se hace chiquito
con solo pensarte

# ÍNDICE

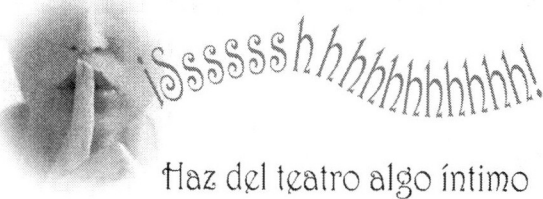

# ¡Sssssshhhhhhhhhhh!

## Haz del teatro algo íntimo
### Llévalo siempre en el bolsillo

Cubierta y diseño editorial: Éride, Diseño Gráfico
Dirección editorial: ángel jiménez
Dirección de la colección: Ramón Paso
Maquetación: Ana Azorín

Primera edición: octubre, 2025

Este libro protege el entorno

# EL RETRATO DE DORIAN GRAY

De Fernando Savater
adaptación teatral de la novela
de
Oscar Wilde

Fernando Savater
(San Sebastián, 1947)

Filósofo, activista y escritor español. Novelista, traductor y autor dramático, destaca en el campo del ensayo y el artículo periodístico. Estudió Filosofía en la Universidad Complutense de Madrid. Trabajó como profesor ayudante en las facultades de Ciencias Políticas y de Filosofía de la Universidad Autónoma de Madrid, de donde fue apartado de la docencia en 1971 por razones políticas, y también fue profesor de Ética y Sociología en la UNED. Fue catedrático de Ética en la Universidad del País Vasco durante más de una década y catedrático de Filosofía en la Universidad Complutense de Madrid. Además, es Chevalier des Arts et Lettres por el Gobierno de Francia.

Ha sido galardonado, entre otros, con el Premio Nacional de Ensayo de 1982 y el Planeta de 1993. En 1996 reunió sus cuatro primeros libros —*La filosofía tachada*, *Nihilismo y acción*, *De los dioses y del mundo* y *La tarea del héroe*— en un compendio que tituló *La voluntad disculpada*. Otras obras suyas son *Ensayo sobre Cioran* (1974), *Escritos politeístas* (1975), *La piedad apasionada* (1977), *La tarea del héroe* (Premio Nacional de Literatura 1982) e *Idea de Nietzsche* (2000).

Ha formado parte de varias agrupaciones comprometidas con la paz y en contra del terrorismo en el País Vasco, como el Movimiento por la Paz y la No Violencia, el Foro de Ermua y ¡Basta Ya!

Oscar Wilde
(1854 - 1900)

Escritor, poeta y dramaturgo, nacido en Dublín. Se especializó en el estudio de los clásicos griegos en la Universidad de Oxford, graduándose con los máximos reconocimientos y distinciones. Compaginó sus estudios con sus viajes por Europa y la publicación de sus poemas en varios periódicos y revistas. En 1879 decidió establecerse en Londres de manera permanente. Allí se casó, tuvo dos hijos y empezó a producir sus primeras obras de éxito.

Entre 1887 y 1889 editó una revista femenina, *Woman's World*, y en 1888 publicó *El príncipe feliz*, cuya buena acogida motivó la publicación de varias de sus obras. El éxito de Wilde se basaba en el ingenio agudo y sarcástico de sus textos, dedicados casi siempre a criticar la hipocresía de la sociedad. Entre sus obras más famosas se encuentran los cuentos *El fantasma de Canterville* (1887), *El ruiseñor y la rosa* (1888), su novela *El retrato de Dorian Gray* (1890), que le reportó feroces críticas desde sectores puritanos y conservadores, así como sus obras teatrales *Salomé* (1891), *El abanico de Lady Windermere* (1892) y *La importancia de llamarse Ernesto* (1895).

Wilde murió en noviembre de 1900 en París con tan solo 46 años, expuesto a la pobreza y la degradación social a raíz de su condena a trabajos forzados por su homosexualidad. Hoy, sus obras siguen editándose y representándose en todo el mundo.

# Fernando Savater

## EL RETRATO DE DORIAN GRAY

adaptación teatral de la novela
de
Oscar Wilde

Esta función se estrenó en el Teatro Lope de Vega de Sevilla,
el 25 de mayo de 2004,
con el siguiente reparto, por orden de intervención,
**Lord Henry Watton** (José Luis Pellicena),
**Basil Hallward** (Juan Carlos Naya), **Dorian Gray** (Eloy Azorín),
**Lady Henry** y **Prostituta** (Pilar San José), **Lord Fermor** y **Policía** (David
Areu), **Lady Agatha** (Lola Cordón), **Duquesa de Harley** y **Sra. Vane**
(Esperanza Alonso), **Sibyl Vane** y **Gladis de Monmouth** (Abigail Tomey),
**James Vane** (Daniel Ortiz) y **Alan Campbell** (Manuel Aguilar).

Dirección: María Ruiz.

«Sé tú mismo». Cuántas veces me han dado esta respuesta al pedir consejo sobre cómo actuar en la vida o en el escenario. A mí me tocó nacer en el siglo XX pero qué difícil debió de resultar ser uno mismo en el siglo XIX, en una sociedad envuelta en una espesa niebla de hipocresía social. La mediocridad nunca fue un arma para herir la sensibilidad de una sociedad, pero el ingenio, la ironía y la elegancia de Wilde consiguieron desatar la ira de la famosa flema inglesa.

En 1976, con diecisiete años, asistí acompañando a una amiga a una prueba para elegir intérpretes para una función infantil en el Teatro Monumental de Madrid. Yo era hijo de un militar de entonces, sin ninguna experiencia vital pero, eso sí, muy guapo. Entraba por primera vez en un teatro, y todo me fascinó: su grandeza, su silencio, su olor, su poca luz, sus butacas... Al verme, el director dijo a sus ayudantes: «¡Mirad, ha venido Dorian Gray!». Sonreí como cuando te insultan en otro idioma y la ignorancia te paraliza. Fui escogido para interpretar aquella función infantil, para disgusto de mi amiga, que no lo fue.

Poco tiempo después, el director me ofreció estrenar en el Teatro Lara de Madrid *El retrato de Dorian Gray* de Oscar Wilde. Con toda naturalidad dije que sí, absolutamente desconocedor de quiénes eran uno y otro. Aquel libreto trastornó mis sentidos. Iba a ser idolatrado por hombres y mujeres, y llevar una vida depravada y llena de placeres que mi pobre mente no podía asimilar. Entendí rápidamente que ideas que fueron escandalosas mucho tiempo atrás, lo son también para quien las descubre la primera vez, independientemente de la época que le toque vivir. Los ensayos fueron perturbadores, besaba a hombres y a mujeres, y era el centro de aquella trama sexual. Lo mejor fue cuando me dijeron que para el cuadro tenía que posar desnudo. De espaldas, pero desnudo. Me quería morir. Llegó el momento del ensayo general, que tanto temía, y además era también ensayo «de censura». Un censor estaría muy pendiente de aquella escena. «Eureka», pensé yo, «Seguro que la cortan». Pero no. Censuró una bata maravillosa con la que salía y dejaba caer antes de sentarme, dijo que eso era un striptease. Así que salía desnudo y de espaldas toda la escena. Oí reírse a Oscar Wilde, pero me vine arriba, me olvidé de la vergüenza y me pasé al lado oscuro. Ya era Dorian Gray.

Mi vida personal también cambió. Sin saberlo, me convertí al esteticismo de Wilde, y me dediqué a la búsqueda de la belleza y el placer.

*Amarse a sí mismo es el comienzo de un romance para toda la vida.*

Y ahí sigo.

Entendí que Wilde era un ejemplo de libertad e insumisión ante las normas, aunque le costara dos años de cárcel y trabajos forzados por «indecencia grave», es decir, a la cárcel por homosexual. Dos siglos después, sigue habiendo chavales asesinados al grito de «maricón».

En 2005, casi treinta años después, me ofrecen volver a estrenar *El retrato de Dorian Gray*, bajo la dirección de María Ruiz, e interpretar el papel de Basil Hallward, el pintor. Ahora era yo el que amaba y reivindicaba las buenas conductas. La obra está tan bien escrita que me fue muy fácil mirar con amor, tragarme los celos y desesperar mi alma para recuperar la de Dorian hasta morir en sus brazos.

*Los libros que el mundo llama inmorales son los libros que le muestran al mundo su propia vergüenza.*

Tal vez *El retrato de Dorian Gray* ya no parezca tan inmoral, pero el mundo sigue dando mucha vergüenza. Hoy todos pintamos nuestra alma en las redes sociales con filtros que no dejan ver nuestro verdadero yo. Wilde y su talento murieron arruinados en Francia, pero su obra pervive, porque: *Todo santo tiene un pasado, y todo pecador, un futuro.*

Así que sigamos amando la belleza y el placer, y perdonemos siempre a nuestros enemigos... *Nada les molesta más.*

*Juan Carlos Naya*

## Personajes

Por orden de intervención

**Lord Henry Watton**
**Basil Hallward**
**Dorian Gray**
**Lady Henry**
**Lord Fermor**
**Lady Agatha**
**Duquesa de Harley**
**Sibyl Vane**
**Sra. Vane**
**James Vane**
**Alan Campbell**
**Gladis de Monmouth**
**Prostituta**
**Policía**

# ACTO 1

Escena I
*Estudio de Basil.*

**Lord Henry**   Es tu obra maestra, Basil. Lo mejor que has hecho. Deberías mandar este cuadro a Grosvenor el año que viene.

**Basil**   No voy a exponerlo en ninguna parte. No, no voy a exponerlo.

**Henry**   ¿Por qué?

**Basil**   No puedo exponerlo. He puesto en él demasiado de mí.

**Henry**   ¡Demasiado de ti! Palabra, Basil. No sabía que fueras tan presumido. El chico del cuadro es un auténtico Narciso, y tú... Bueno, no estás mal, tienes expresión intelectual y todo eso. Pero la belleza, la verdadera belleza, acaba donde empieza la expresión intelectual. El intelecto es por sí mismo un modo de exageración y destruye la armonía de cualquier cara. Tu misterioso joven, amigo, no piensa. Estoy casi seguro. Bueno, quiero que me expliques por qué no vas a exponer el retrato. Cuéntame la verdadera razón.

**Basil**    Te he dicho la verdad.

**Henry**    No, no. Has dicho que era porque había demasiado de ti en él. Eso es infantil.

**Basil**    La razón por la que no voy a exponer este cuadro es... porque tengo miedo de haber mostrado en esta tela el secreto de mi alma.

**Henry**    ¿Y cuál es?

**Basil**    Temo que no puedas entenderlo. Tal vez ni siquiera me creas.

**Henry**    Estoy casi seguro de que lo entenderé. Y en cuanto a creer, puedo creer cualquier cosa con tal de que sea lo bastante increíble.

**Basil**    Hace dos meses, en una de esas reuniones multitudinarias en casa de Lady Brandon, me di cuenta, de repente, de que alguien me estaba mirando. Me volví a medias, y vi por primera vez a Dorian Gray. Cuando se encontraron nuestras miradas, sentí que me estaba poniendo pálido. Una curiosa sensación de terror se apoderó de mí. Supe que había tropezado con alguien cuya personalidad era tan fascinante que, si yo lo permitía, absorbería todo mi ser, mi alma, mi arte mismo. Sí, ahora él es para mí todo mi arte. Y sé que lo que he pintado desde que conocí a

Dorian es bueno, es lo mejor que he hecho en mi vida. Su personalidad me ha inspirado un estilo completamente nuevo. Veo las cosas de una manera diferente. De una manera que antes me estaba oculta. ¡Ah! ¿Te das cuenta de lo que eso significa?

**Henry** ¿Entonces por qué no vas a exponer su retrato?

**Basil** Porque he puesto en él algo de mi idolatría artística. Y el mundo puede que lo adivine. No voy a desnudar mi alma ante tantos ojos superficiales, inquisidores. Hay demasiado de mí en ese cuadro, Harry... ¡Demasiado de mí!

**Henry** Creo que estás equivocado, pero no pienso discutir contigo.

**Basil** Lo malo es que adulo a Dorian exageradamente. Encuentro un extraño placer en decirle cosas que sé que voy a sentir después de haber dicho. Es encantador conmigo. Pero, de vez en cuando, se vuelve grosero y parece gozar haciéndome sufrir.

**Henry** Tal vez te canses tú antes que él. Es triste, pero no hay duda de que el Genio dura más que la Belleza. Sí, creo que te cansarás tú primero. Y será una lástima, porque lo que me has contado es muy romántico, y lo peor de cualquier romance es que luego le deja a uno sin romanticismo.

**Basil**   No hables así. Mientras viva, la personalidad de Dorian me dominará. Tú no puedes sentir lo que siento yo. Cambias con demasiada frecuencia.

**Henry**   Ah, querido Basil, los fieles solo conocéis el lado trivial del amor, pero somos los infieles los que conocemos sus tragedias. ¡Vaya, acabo de acordarme...!

**Basil**   ¿Acordarte de qué?

**Henry**   De dónde he oído el nombre de Dorian Gray.

**Basil**   ¿Dónde ha sido?

**Henry**   No te enfades. Fue en casa de mi tía, Lady Agatha. Me dijo que había conocido a un joven maravilloso que iba a ayudarla en el East End, y que se llamaba Dorian Gray. No me dijo que fuera tan guapo. Las mujeres no aprecian la belleza. Al menos, las buenas, no.

**Basil**   No quiero que le conozcas.

**Henry**   ¿Que no quieres que le conozca?

**Basil**   No. Dorian es mi amigo más querido. Tiene un carácter sencillo y bello. No lo eches a perder. No intentes influirle. Tu influencia sería mala. El mundo es grande y hay en él mucha gente maravillosa. No te lleves a la persona que le da a mi arte el único encanto que pueda tener: mi vida como artista depende de él. Harry, confío en ti.

**Henry**    ¡Qué tonterías dices!

Escena II
*Estudio de Basil.*


**Dorian** *entra y va hacia el piano.*


**Basil**     Este es Lord Henry Watton, Dorian, un amigo de Oxford.

**Henry**     Mi tía habla mucho de usted. Es uno de sus favoritos y, me temo que también, una de sus víctimas.

**Dorian**    En este momento estoy en la lista negra de Lady Agatha. Prometí ir con ella al club de Whitechapel el martes pasado y me olvidé por completo.

**Henry**     Yo le reconciliaré con mi tía. Le aprecia mucho. No creo que importe...

**Basil**     Harry, quiero acabar este cuadro hoy. ¿Me considerarás muy grosero si te digo que te vayas?

**Henry**     ¿He de irme, señor Gray?

**Dorian**    Ay, no, por favor, Lord Henry. Ya veo que Basil está en uno de sus momentos de mal humor, y no puedo soportarlo cuando se pone así.

**Henry**     No te importa, ¿verdad, Basil? Siempre me has dicho que preferías que los que posan para ti tengan alguien con quien charlar.

**Basil**     Si Dorian lo desea, desde luego debes quedarte. Los caprichos de Dorian son leyes para todo el mundo, excepto para él.

**Henry**     Gracias por insistir tanto, pero creo que debo irme.

**Dorian**    ¡Basil! Si Lord Henry se va, yo me voy también. Pídele que se quede. Insisto.

**Basil**     Quédate, Harry. Para darle gusto a Dorian y para darme gusto a mí. Y ahora, Dorian, no te muevas ni prestes atención a lo que te diga Lord Henry. Ejerce muy mala influencia sobre sus amigos.

**Dorian**    ¿De verdad ejerce usted una influencia muy mala, Lord Henry? ¿Tan mala como dice Basil?

**Henry**     No existe influencia buena, señor Gray. Toda influencia es inmoral desde el punto de vista científico.

**Dorian**    ¿Por qué?

**Henry**     Porque influir en alguien es cambiar su alma. Ya no piensa sus propios pensamientos, ni se consume con sus propias pasiones. Se convierte en actor de un papel que no ha sido escrito para él.

**Basil**     Vuelve la cabeza un poco más hacia la derecha, Dorian.

**Henry**     Creo que si un hombre viviera su vida total y completamente, si le diera forma a cada sentimiento y expresión a cada pensamiento, si hiciera realidad cada sueño..., volveríamos al ideal helénico. Todo impulso que nos esforzamos en ahogar, nos envenena. La única manera de librarse de la tentación es cayendo en ella. Si se resiste, el alma enfermará de anhelo por las cosas que se ha prohibido a sí misma. Se dice que los grandes acontecimientos del mundo tienen lugar en el cerebro. Pues también es en el cerebro, y solo en el cerebro, donde tienen lugar los grandes pecados del mundo. Usted, señor Gray, usted mismo, ha tenido pasiones que le han dado miedo, pensamientos que le han llenado de temor, sueños cuyo simple recuerdo puede manchar de vergüenza sus mejillas.

**Dorian**     ¡Alto! ¡Deténgase! Me aturde. No sé qué decir. Hay una respuesta, pero no la encuentro. No hable. Déjeme pensar. O, más bien, déjeme intentar no pensar. ¡Basil, estoy cansado de posar! El aire aquí es asfixiante.

**Basil**     Perdóname, cuando pinto me olvido de todo. Pero has posado mejor que nunca y he captado el efecto que quería: los labios entreabiertos, la expresión brillante en los ojos... No sé qué te habrá estado diciendo Harry. Supongo que te ha estado haciendo cumplidos. No debes creer ni una palabra de lo que te diga.

**Dorian** No ha estado haciéndome cumplidos. Tal vez sea esa la razón por la que no creo nada de lo que me ha dicho.

**Henry** Bien sabe usted que lo cree todo. (*Pausa. Parece que* **Basil** *va a decirle algo a* **Lord Henry** *y este le interrumpe.*) Hace un calor horrible en este estudio, Basil. (*Acción anterior de preparar bebidas. Salen al jardín, donde debería haber lilas.*) Si se pone al sol se va a estropear y Basil no le volverá a pintar.

**Dorian** ¿Y eso qué importa?

**Henry** Debería importarle muchísimo.

**Dorian** ¿Por qué?

**Henry** Tiene usted la más maravillosa de las juventudes, y la juventud es lo único que merece la pena.

**Dorian** No lo creo.

**Henry** No, ahora no lo cree. Ahora, por donde va, encanta al mundo. Pero, ¿será siempre así...? La belleza es una forma de Genio: es más elevada, en realidad, que el Genio porque no necesita explicación alguna. Es una de las grandes realidades de este mundo, como la luz del sol, o la primavera. No puede ponerse en cuestión. Y su soberanía es de derecho divino. Hace príncipes a quienes la poseen. ¿Sonríe? ¡Ah! Cuando la haya perdido, no sonreirá... Cuando su juventud se vaya, su belleza se irá con ella... ¡Vamos! Haga realidad su juventud mientras la tenga. ¡Viva usted! ¡Viva la maravillosa vida que está en usted! No deje que se le pierda nada. Busque siempre nuevas sensaciones. No tema nada, por ahora... El mundo le pertenece durante una temporadita...

(*Aparece* **Basil**.)

**Basil**    Venga, entrad. La luz es casi perfecta. Y podéis traeros las bebidas.

**Henry**    ¿Está contento de haberme conocido, señor Gray?

**Dorian**   Sí, ahora estoy contento. ¿Estaré contento siempre?

**Henry**    ¡Siempre! Esa es una palabra horrorosa. Me echo a temblar cuando la oigo. La única diferencia entre el capricho y la pasión de toda una vida es que el capricho dura un poco más.

**Dorian**   En ese caso, que nuestra amistad sea un capricho.

(*Entran y contemplan el cuadro.*)

**Henry**    Mi querido Basil, te felicito de todo corazón.

**Dorian**    ¿Está terminado ya?

**Basil**    ¿No te gusta?

**Henry**    Desde luego que le gusta. Te daré lo que quieras por él.

**Basil**    No es mío.

**Henry**    ¿De quién es?

**Basil**    De Dorian, desde luego.

**Dorian**    ¡Qué cosa más triste! Yo me haré viejo, y horrible, y repelente. Pero este retrato permanecerá siempre joven. Nunca será más viejo que este día de junio... ¡Ojalá permaneciese yo joven, y el cuadro envejeciera! Por eso, por conseguir eso, ¡lo daría todo! ¡Sí, no hay nada en el mundo que no diese! ¡Daría hasta mi alma!

**Henry**    No creo que a ti te conviniera un arreglo así, Basil.

**Basil**    Pues no. La verdad es que tendría serias objeciones.

**Dorian**    ¿De modo que prefieres tu arte a tus amigos? ¿Cuánto tiempo te gustaré yo? ¿Hasta que tenga la primera arruga, supongo? Ahora sé que cuando se pierde la belleza, se pierde todo. Tu cuadro me lo ha enseñado. Lord Henry tiene razón. La juventud es lo único que merece la pena. Cuando descubra que me hago viejo, me mataré.

**Basil**  ¡Dorian! ¡Dorian! No hables así. Nunca he tenido un amigo como tú. Esto es culpa tuya, Harry. Deberías haberte marchado cuando te lo pedí.

**Henry**  Me quedé cuando me lo pediste.

**Basil**  Entre los dos me habéis hecho odiar la más exquisita de mis obras. Pero ahora voy a...

(**Basil** *busca entre los pinceles y coge una paleta larga.* **Dorian** *se abalanza sobre él.*)

**Dorian**  ¡No, Basil, no! ¡Sería un asesinato!

**Basil**  Me alegra que, por fin, aprecies mi obra, Dorian. Creí que no te interesaba.

**Dorian**  ¿Apreciarla? Estoy enamorado de ella. Es parte de mí. Lo noto.

**Basil**  Bueno, tan pronto te seques en la tela, se te barnizará y enmarcará. Y te enviaré a casa. Entonces, podrás hacer lo que quieras contigo mismo.

**Henry**  ¡Qué tipos tan absurdos sois! ¿Por qué no vamos juntos al teatro esta noche?

**Dorian**    Me encantaría ir con usted al teatro.

**Henry**    Entonces venga conmigo. Y tú también, Basil.

**Basil**    Yo prefiero no ir. Tengo mucho trabajo.

**Henry**    Bueno, entonces iremos solos usted y yo, señor Gray.

**Basil**    Yo me quedaré aquí con el verdadero Dorian.

**Dorian**    ¿Es este el verdadero Dorian? ¿Realmente soy así?

**Basil**    Sí; eres exactamente así.

**Dorian**    ¡Qué maravilloso, Basil!

**Basil**    Por lo menos así eres en apariencia. Pero el retrato nunca cambiará. Será más fiel que tú.

**Henry**    ¡Qué jaleo arma la gente con eso de la fidelidad! Los jóvenes quieren ser fieles, y no lo son; los viejos quieren ser infieles, y no pueden: eso es todo.

**Basil**    No vayas al teatro esta noche, Dorian. Quédate y cena conmigo.

**Dorian**    No puedo.

**Basil**    ¿Por qué?

**Dorian**    Porque le he prometido a Lord Henry ir con él.

**Basil**    No le caerás mejor porque cumplas tus promesas. Él siempre rompe las suyas. Te suplico que no vayas. Te lo ruego.

**Dorian**    Debo ir, Basil.

**Basil**    Muy bien, como quieras. Pero ven pronto a verme. Ven mañana.

**Dorian**    Desde luego.

**Basil**    ¿No te olvidarás?

**Dorian**    No, claro que no.

**Basil**    Y... ¡Harry!

**Henry**    ¿Sí, Basil?

**Basil**    Recuerda lo que te he pedido esta mañana.

**Henry**    Lo he olvidado.

**Basil**    Confío en ti.

**Henry**    ¡Ojalá pudiera confiar yo en mí mismo!

    (**Lord Henry** *sale, riéndose, acompañado de* **Dorian** *Gray.* **Basil** *se sienta con expresión de dolor.*)

Escena III
*Casa de Lady Agatha.*


**Dorian** *de espaldas. Se acerca* **Lady Henry** *y le roza levemente el hombro con el abanico.*

**Dorian**     ¡Harry!

**Lady Henry**   No soy Harry, señor Gray.

**Dorian**     Le pido perdón. Creía...

**Lady H.**   Usted ha creído que era mi marido. Pero soy solo su mujer. Permítame que me presente. (*Le alarga la mano.*) Le vi con mi marido la otra noche en la ópera.

**Dorian**     ¿En Lohengrin, Lady Henry?

**Lady H.**   Sí; en el querido Lohengrin. La música de Wagner me encanta. Es tan fuerte que se puede hablar todo el rato sin que los demás oigan lo que dices. Es una gran ventaja, ¿no le parece?

**Dorian**    Pues francamente no, Lady Henry. Yo nunca hablo mientras suena la música. Solo cuando se oye música mala es un deber ahogarla con la conversación.

**Lady H.**  ¡Ah! Esa es una de las opiniones de Harry, ¿verdad, señor Gray? Siempre oigo las opiniones de Harry en boca de sus amigos. Es la única manera que tengo de conocerlas. Pero no debe pensar que a mí no me gusta la buena música. Me fascina, pero le tengo miedo. Me pone demasiado romántica. Aunque adoro a los pianistas... No sé lo que tienen. Quizá sea que son extranjeros. Porque suelen serlo, ¿verdad? ¡Aquí está Harry! Harry, el señor Gray y yo hemos tenido una charla muy agradable sobre música. Tenemos las mismas ideas.

**Henry**  Me parece estupendo, amor mío, de veras.

**Lord Fermor**  Ya no te esperaba, Harry. Creía que los dandis no os levantabais hasta las dos, y que no estabais visibles hasta las cinco.

**Henry**  Puro afecto de familia, te lo aseguro, tío George.

**Fermor**  ¡Ja! Oye, Harry, dile a tu tía Agatha que no me moleste más con lo de sus limosnas.

**Henry**  Está bien, se lo diré. Pero no surtirá efecto alguno. Los filántropos pierden todo sentido de la humanidad.

**Lady Agatha**  ¡Hola, Harry! Siempre te las arreglas para llegar tarde. Te advierto que estoy bastante molesta contigo. ¿Por qué intentas convencer al señor Gray para que deje el East End? Estoy segura de que allí le apreciarían mucho. Les encantaría escuchar cómo toca.

**Henry**     Quiero que toque para mí.

**Agatha**     Pero los pobrecitos son tan desgraciados en Whitechapel...

**Henry**     Hay algo terriblemente morboso en esa simpatía moderna por el dolor. Se puede sentir simpatía por el color, la belleza, la alegría de la vida. Cuanto menos se hable de los horrores que nos rodean, mejor.

**Agatha**     Puede que sea mejor no hablar de los horrores, pero me parece que habrá que hacer algo para resolver el problema del East End, Harry.

**Henry**     Sí. Es el problema de la esclavitud, e intentamos resolverlo divirtiendo a los esclavos.

**Duquesa de Harley**     ¿Y qué cambio propone entonces?

**Henry**     Yo en Inglaterra no quiero cambiar nada más que el clima.

**Harley**     Eso me consuela. Cuando vengo a ver a mi querida Lady Agatha siempre me siento culpable, porque a mí el East End no me interesa en absoluto.

**Henry**     El rubor es muy favorecedor, duquesa.

**Harley**    Solamente cuando se es joven. Es usted muy reconfortante, Lord Henry. ¡Ay, querida Agatha, cómo me gustaría volver a ser joven!

**Henry**    ¿Recuerda algún error que haya cometido en su juventud, duquesa?

**Harley**    Muchos, me temo.

**Henry**    Entonces vuelva a cometerlos. Para recobrar la juventud, solo hay que repetir sus errores.

**Harley**    ¡Una teoría deliciosa!

**Lady H.**    Creo que debo irme ya. Adiós, señor Gray. Adiós, Harry. Cenas fuera, supongo. Yo también. Tal vez te vea en casa de Lady Thornbury.

**Fermor**    Yo también me despido, querida Agatha. Me esperan en el Ateneo. Allí es la hora de dormir.

**Agatha**    ¿Todos, Lord Fermor?

**Fermor**    Cuarenta de nosotros, en cuarenta sillones. Estamos ensayando para crear una Academia Inglesa de las Letras.

**Henry**    Pues yo me voy al parque.

**Dorian**    Déjeme que le acompañe.

**Henry**    Creí que le había prometido usted a Basil ir a verle.

**Dorian**   Preferiría acompañarle a usted; sí, siento que debo acompañarle. Ande, déjeme ir. ¿Y me promete hablar conmigo todo el rato? Nadie habla tan maravillosamente como usted.

**Henry**   ¡Ah! Ya he hablado bastante por hoy. Lo único que me apetece ahora es mirar la vida. Puede venir a mirarla conmigo, si quiere.

Escena IV
*Casa de Lord Henry.*

**Henry**    ¿De quién te has enamorado?

**Dorian**    De una actriz.

**Henry**    Es un debut más bien corriente. ¿Quién es?

**Dorian**    Se llama Sibyl Vane.

**Henry**    Jamás he oído hablar de ella. ¿Dónde la has encontrado?

**Dorian**    Ha sido gracias a ti. Después de haberte conocido, durante días, parecía latirme algo en las venas... Una tarde pasé delante de un teatrito absurdo. Vas a reírte de mí, ya lo sé, pero entré de verdad y pagué toda una guinea por el palco... Si no lo hubiera hecho, me habría perdido el mayor romance de mi vida. Te ríes.

**Henry**    No me río; al menos no me río de ti.

**Dorian**    ¿Cuál crees que era la obra? «Romeo y Julieta». ¡En aquel miserable agujero! Romeo era un anciano gordo, de cejas pintadas con corcho, ronca voz de tragedia, y figura de barril de cerveza. Mercucio lo hacía un cómico de baja estofa, que le había añadido al papel chistes de su propia cosecha. Los dos eran tan grotescos como el decorado. ¡Pero Julieta! Harry, tú me dijiste una vez que el sentimiento te deja impasible, pero que la belleza, la simple belleza, podía llenarte los ojos de lágrimas. Te juro que yo apenas podía ver a esa chica a través de las lágrimas. Y su voz, jamás he oído una voz igual. Tenía el éxtasis trémulo que se escucha justo antes de la madrugada, cuando cantan las alondras. Créeme, la amo. Para mí lo es todo en la vida. Noche tras noche voy a verla actuar, y cada noche es más maravillosa.

**Henry**   Esa es, supongo, la razón por la que nunca cenas conmigo ahora.

**Dorian**   Pero por favor, Harry, comemos o cenamos juntos todos los días y he ido varias veces contigo a la ópera.

**Henry**   Siempre llegas tarde.

**Dorian**   Tengo que ir a ver actuar a Sibyl. Aunque solo sea un acto.

**Henry**   Esta noche, al menos, podrás cenar conmigo, ¿no?

**Dorian**   La amo, y tengo que hacer que me ame. Tú, que sabes todos los secretos de la vida, ¡dime cómo encantar a Sibyl Vane para que me ame! ¡Dios mío, Harry, cómo la idolatro! Quiero que Basil y tú vengáis conmigo una noche a verla actuar. Luego debemos quitársela de las manos al judío. Tendré que pagarle algo, desde luego. Cuando se haya arreglado todo, alquilaré un teatro del West End y la promocionaré como es debido. ¡Ya verás! Enloquecerá al mundo entero tanto como a mí. Déjame ver, hoy es martes. Pongámoslo para mañana. Mañana iremos a ver cómo hace de Julieta.

**Henry**    ¿Verás tú a Basil de aquí a entonces o le escribo yo?

**Dorian**   ¡Pobre, Basil! No le he visto desde hace una semana. Y está fatal por mi parte, porque me ha enviado el retrato con un marco maravilloso, especialmente diseñado por él. Y aunque siento celos del cuadro, porque ya es un mes más joven que yo, tengo que reconocer que me encanta. Será mejor que le escribas tú. No quiero verle a solas. Dice cosas que me molestan. Se empeña en darme buenos consejos.

**Henry**    Basil pone en su trabajo todo su encanto. Así que no le quedan para la vida más que sus prejuicios, sus principios y su sentido común. Los únicos artistas que he conocido que son deliciosos personalmente son los malos artistas.

**Dorian**   ¿Es cierto eso Harry? Así debe ser, si tú lo dices. Y ahora me marcho. Julieta me espera. No te olvides de lo de mañana. Adiós.

Escena V
*Camerino de Sibyl Vane. Luego calle o parque.*

**Sibyl**   ¡Madre, madre, soy tan feliz! ¡Y tú también debes sentirte feliz!

**Sra. Vane**   ¡Feliz! Yo solo estoy feliz cuando te veo actuar. No debes pensar en nada más que en eso, en actuar. El señor Isaac ha sido muy bueno con nosotras, y además le debemos dinero.

**Sibyl**   ¿Dinero? ¿Qué importa el dinero? El amor es más importante que el dinero.

**Sra. Vane**   El señor Isaac nos ha adelantado cincuenta libras para pagar nuestras deudas, y comprarle a tu hermano James su equipo. No lo olvides, Sibyl. Cincuenta libras es una cantidad muy grande. El señor Isaac ha sido muy amable.

**Sibyl**   No es un caballero, y no me gusta el modo que tiene de hablarme.

**Sra. Vane**   Pues no sé qué haríamos sin él.

**Sibyl**   Ya no le necesitamos. El Príncipe Azul rige ahora nuestras vidas. Le quiero.

**Sra. Vane**   ¡Niña tonta! ¡Pero qué tonta eres!

**Sibyl**   Madre, ¿por qué me ama él tanto? Yo sé por qué le amo. Le amo porque es como debería ser el Amor mismo. ¿Pero qué ve él en mí? No soy digna de él. Y, sin embargo, me siento orgullosa.

**Sra. Vane**   Pero, ¿qué sabes de ese joven? Ni siquiera conoces su nombre. Y ahora... que James se marcha a Australia y yo tengo tantas preocupaciones, deberías ser más considerada. Claro que si es rico...

(*Entra* **James**.)

**Sibyl**   ¡Madre, madre, déjame ser feliz!

**James**   Podrías guardar algunos besos para mí, Sibyl.

**Sibyl**   A ti no te gusta que te besen, Jim. Eres un oso.

**James**   Vamos a dar un paseo, Sibyl. Puede que nunca vuelva a Londres.

**Sra. Vane**   Hijo mío, no digas cosas tan horribles.

**James**   ¿Por qué no, madre? Es lo que pienso.

**Sra. Vane**   ¡Que no, que me da mucha pena! Espero que vuelvas de Australia en posición desahogada. Creo que no hay una verdadera vida social en las colonias, por lo menos nada que a mí me lo parezca; así que, cuando hayas hecho fortuna, debes volver y hacerte valer en Londres.

**James**     Eso no me interesa. Me gustaría ganar dinero para retiraros de la escena a ti y a Sibyl. ¡Odio el maldito teatro!

**Sibyl**     ¡Ay, Jim! ¡Qué poco amable eres! ¿Dónde quieres que vayamos? Vamos al parque.

**James**     Muy bien, pero no tardes demasiado en vestirte. Madre, ¿están mis cosas preparadas?

**Sra. Vane**     Casi listas, James. Espero que estés contento con tu nueva vida de marinero. Recuerda que ha sido elección tuya.

**James**     Tienes razón. He elegido mi propia vida. Todo lo que digo es que cuides de Sibyl. No consientas que le pase nada. Madre, tienes que cuidar de ella.

**Sra. Vane**     Hijo, verdaderamente me hablas de una manera muy rara. Claro que cuidaré de Sibyl.

**James**     Me han dicho que un caballero visita todas las noches el teatro. ¿Es cierto?

**Sra. Vane**     Hablas de cosas que no entiendes, James. En la profesión estamos acostumbradas a recibir ciertas atenciones. Yo misma recibía muchos ramos de flores en otra época.

**James**     No sabes cómo se llama.

**Sra. Vane**     No. No ha revelado aún su nombre. Pero es muy romántico. Puede que sea un aristócrata.

**James**   Cuida de Sibyl, cuida de ella.

(*Sale a escena* **Sibyl**.)

**Sibyl**   ¡Qué serios estáis! ¿Qué pasa?

**James**   Nada. Adiós, madre. Todo está en la maleta, excepto las camisas, así que no tienes que molestarte.

**Sra. Vane**   Adiós, hijo mío.

**Sibyl**   Mamá, dame un beso.

**Sra. Vane**   ¡Mi niña! ¡Mi niña!

**James**   Venga, Sibyl.

(*En el parque.*)

**Sibyl**   No estás escuchando ni una palabra de lo que te digo, Jim. Anda, di algo.

**James**   ¿Qué quieres que diga?

**Sibyl**   ¡Ay!, pues que serás buen chico y que no nos olvidarás.

**James**   Es mucho más fácil que me olvides tú a mí, que yo a ti.

**Sibyl**   ¿Qué quieres decir?

**James**      Me han contado que tienes un nuevo amigo. ¿Quién es? Tengo derecho a saberlo.

**Sibyl**      Se llama Príncipe Azul. ¿No te gusta ese nombre? ¡Qué bobo eres! Pues no lo olvides. Si le vieses, le considerarías la persona más maravillosa del mundo. Me gustaría que vinieras al teatro esta noche. Va a estar él, y yo voy a hacer de Julieta. ¡Ay! ¡Cómo voy a hacerla! ¡Figúrate, estar enamorada y hacer de Julieta! ¡Tenerlo sentado allí! ¡Actuar para él! Tengo miedo de asustar a toda la compañía, de asustarlos o de cautivarlos. Estar enamorada me hace superarme. Es todo obra de él, solo de él, de mi Príncipe Azul, mi maravilloso amor, mi dios lleno de gracia.

**James**      Sibyl, estás loca por él.

**Sibyl**      No te enfades. Deberías estar contento porque soy más feliz que nunca. La vida ha sido dura para los dos, tremendamente dura y difícil. Pero ahora empieza algo diferente. Tú te vas a un nuevo mundo, y yo ya lo he encontrado.

**James**      Pues tan seguro como que hay un dios en el cielo, juro que si alguna vez te hace daño, le mato.

**Sibyl**      ¿Cómo puedes decir cosas tan espantosas? No sabes lo que dices. Simplemente estás celoso y eres poco amable. ¡Ah! Me gustaría que te enamoraras. El amor hace buena a la gente.

Escena VI
*En el Club. Cena.*

**Basil**     Espero que sea una buena chica. No quisiera ver a Dorian ligado a una criatura vil, que pueda degradar su modo de ser y arruinar su inteligencia.

**Henry**     Según creo es mejor que buena: es bella. La veremos esta noche, si ese chico no ha olvidado la cita.

**Basil**     ¿Pero tú lo apruebas? No puedes aprobarlo, imposible. Es un capricho tonto.

**Henry**     Ni apruebo ni desapruebo nada. Además, toda experiencia tiene valor, y diga uno lo que diga contra el matrimonio, no hay duda de que, por lo menos, es una experiencia.

**Basil**     No hablas en serio y lo sabes. Si la vida de Dorian se echara a perder, nadie lo sentiría más que tú. Eres mucho mejor de lo que finges ser.

**Henry**     La razón por la que nos gusta pensar demasiado bien de los demás es que tenemos miedo de lo que los demás puedan pensar de nosotros. La base del optimismo es el puro terror.

               (*Sale* **Dorian** *a escena.*)

**Dorian**     ¡Harry, Basil, tenéis que felicitarme los dos! Nunca había sido tan feliz.

**Basil**      Espero que seas siempre feliz, Dorian, pero no te perdono que no me hayas hablado de tu compromiso. En cambio, se lo dijiste a Harry.

**Henry**      Y yo no te perdono que llegues tarde a la cena.

**Dorian**      Seguro que tú me comprendes, Basil. ¿A que he hecho bien en buscar el amor en la poesía, y encontrar esposa en las comedias de Shakespeare?

**Basil**      Sí, Dorian, supongo que has hecho bien.

**Henry**      ¿En qué momento en particular le mencionaste la palabra matrimonio? ¿Y qué te contestó?

**Dorian**      No lo traté como una transacción comercial, y no lo propuse formalmente. Le dije que la amaba, y ella dijo que no era digna de ser mi esposa.

**Henry**      Las mujeres son maravillosamente prácticas... En este tipo de situaciones nosotros nos olvidamos a menudo de hablar de matrimonio, y ellas siempre nos lo recuerdan.

**Basil**      Has molestado a Dorian.

**Henry**      Dorian jamás se molesta conmigo.

**Dorian**      Cuando estoy con ella me arrepiento de todo lo que tú me has enseñado. Me siento cambiado, y el simple roce de la mano de Sibyl hace que te olvide a ti y a todas tus equivocadas, fascinantes, venenosas y deliciosas teorías.

**Henry**     ¿Y cuáles son...?

**Dorian**    Ay, tus teorías sobre la vida, tus teorías sobre el amor, tus teorías sobre el placer... Todas tus teorías, Harry.

**Henry**     El placer es la única cosa sobre la que merece la pena tener una teoría. Es la piedra de toque de la naturaleza. Su señal de aprobación. Cuando somos felices siempre somos buenos, pero cuando somos buenos, no siempre somos felices.

**Basil**     ¿Pero qué quieres decir con buenos?

**Dorian**    Sí, ¿qué quieres decir con buenos, Harry?

**Henry**     Ser bueno es estar en armonía con el propio modo de ser. La vida de uno: eso es lo importante.

**Basil**     Pero si se vive solamente para uno mismo, ¿no se paga un precio terrible?

**Henry**     Sí, hoy en día se nos cobra demasiado por todo.

**Dorian**    ¡Qué tonterías dices, Harry! Vamos al teatro. Cuando Sibyl salga al escenario vas a tener un nuevo ideal en la vida.

Escena VII
*En el escenario.*

**Dorian**   ¡Horrible! Ha sido espantoso. ¿Estás enferma? No tienes idea de lo que ha sido. No tienes idea de cuánto he sufrido.

**Sibyl**   Tú deberías entenderlo. Lo entiendes ahora, ¿verdad?

**Dorian**   ¿Entender qué?

**Sibyl**   Por qué he estado tan mal esta noche. Por qué siempre voy a estar mal. Por qué jamás volveré a actuar bien.

**Dorian**   Estás enferma, supongo. Cuando estés enferma no deberías actuar. Te pones en ridículo. Mis amigos se han aburrido. Yo me he aburrido.

**Sibyl**   Antes de conocerte, actuar era la única realidad de mi vida. Creía en todo. La gente que actuaba conmigo me parecía divina. Los telones eran mi mundo. No sabía más que de sombras, y las consideraba reales. Llegaste tú, ¡ay, mi bello amor!, y liberaste mi alma de la prisión. Esta noche, por primera vez en mi vida, me he dado cuenta de lo falso, de la tontería del espectáculo vacío que he representado siempre. Esta noche, por primera vez, he caído en la cuenta de que Romeo era espantoso, y viejo, y pintado, y que la luz de la luna del huerto era falsa, que el decorado era vulgar, y que las palabras que tenía que decir yo eran irreales, que no eran palabras mías, que no eran lo que yo debía decir. Tú me has dado algo más elevado, algo de lo que todo arte no es más que simple reflejo. Me has hecho comprender lo que es el amor real.

**Dorian** Todo lo has entendido mal.

**Sibyl** ¡Escúchame, mi amor! ¡Amor mío! ¡Príncipe Azul! ¡Príncipe de la vida! Estoy harta de sombras. Para mí, tú eres mucho más importante que el arte. ¿Qué tengo yo que ver con las marionetas de una obra de teatro? Cuando salí esta noche al escenario, no podía aún saber lo que me pasaba. Creía que iba a estar maravillosa, pero luego me di cuenta de que no podía hacer nada. De repente, mi alma descubrió el sentido de todo. Fue exquisito. Les oía sisear, y sonreía. ¿Qué podrían saber ellos de un amor como el nuestro? Sácame de aquí, Dorian: llévame contigo, a donde podamos estar completamente solos. Odio el teatro. Podría fingir una pasión que no siento, pero no una que me consume como el fuego. Ay, Dorian, Dorian, ¿me comprendes ahora?

**Dorian** Has matado mi amor. Sí, has matado mi amor. Te quise porque despertabas mi imaginación. Ahora ni siquiera despiertas mi curiosidad. No me produces efecto alguno. Te amaba porque eras maravillosa, porque poseías genio e inteligencia, porque hacías realidad los sueños de los grandes poetas y dabas forma y sustancia a las sombras del arte. Lo has echado a perder. Eres superficial y tonta. ¡Dios mío! ¡Qué loco he sido! ¡Qué imbécil! Para mí ya no eres nada. No volveré a verte. Jamás pensaré en ti. Nunca mencionaré tu nombre. No sabes lo que has sido para mí. Porque una vez... ¡Ay, no puedo ni pensarlo! ¡Ojalá no hubiera puesto mis ojos en ti! ¡Qué poco sabes de amor si dices que estropea tu arte! Sin tu arte tú no eres nada. Yo te podría haber hecho famosa, espléndida, magnífica. El mundo te habría idolatrado, y habrías llevado mi nombre. ¿Qué eres ahora? Una actriz de tercera con una cara bonita.

**Sibyl**        No hablas en serio, Dorian.

**Dorian**        ¡No me toques!

**Sibyl**        ¡No me dejes! Siento no haber actuado bien. Estaba pensando en ti todo el rato. Pero lo intentaré; de veras, volveré a intentarlo. Es que se ha cruzado en mi camino tan rápidamente mi amor por ti... No te vayas. No podría soportarlo. ¡Ay! No te vayas de mi lado. Mi hermano... No; no importa. No lo decía en serio... Pero tú, por favor, ¿no puedes perdonarme esta noche? Intentaré mejorar. No seas cruel conmigo, porque te quiero más que a nada en el mundo. Después de todo, solo he dejado de complacerte una vez. Ay... no me dejes, no me dejes.

Escena VIII
*Casa de Dorian Gray.*

**Dorian**   ¡Qué noche tan espantosa! Todo se ha venido abajo. ¡Y cómo me miraba! Me miraba... con terror o con pena, yo qué sé. ¡Basta! Fue ella la que lo estropeó todo. Yo la amaba y estaba dispuesto a cualquier cosa por ella. Después, todo se convirtió en crueldad. Pero fue ella, ella... (*Llega frente al retrato.*) ¿Qué es eso? ¿No ha cambiado un poco? ¡Sí, aquí, en la boca! ¿Es una arruga o una mueca? Ahora tiene un aire implacable, feroz. ¡No es posible! (*Voz en off.*) ¡Ojalá permaneciese yo joven y el cuadro envejeciera! Por eso, por conseguir eso, ¡lo daría todo! ¡Sí, no hay nada en el mundo que no diese! ¡Daría hasta mi alma! (*Fin de la voz en off.*) ¡Pero yo no soy así! ¡No quiero ser así! ¡Que nadie me vea así! Es una imagen falsa, equivocada: aunque antes me pareció perfecta. ¡Ha cambiado, maldita sea! Pero aún estoy a tiempo. Me apartaré de Harry. ¡Pobre Sibyl!, ¡cómo la compadezco!, se lo demostraré. Mañana mismo iré a buscarla y le pediré que se case conmigo. Eso es, nos casaremos esta misma semana, cuando ella quiera. Y después volveré a verme como soy de verdad: como antes, como siempre. No tienes derecho a acusarme. (*Tapa el cuadro.*) Sigo siendo inocente.

Escena IX
*Casa de Dorian Gray.*

**Henry**      Creo que ha sido algo terrible, se mire por don-
de se mire: pero no es culpa tuya.

**Dorian**     Estuve brutal con ella, verdaderamente brutal.
Pero ahora estoy bien. No me arrepiento de lo
que ha sucedido. Me ha enseñado a conocerme
mejor.

**Henry**      Me alegro de que te lo tomes así. Tenía miedo
de encontrarte hundido en el remordimiento.

**Dorian**     Ya he pasado por todo eso. Ahora quiero ser
bueno. No puedo soportar la idea de que mi
alma sea espantosa.

**Henry**      ¡Una base artística muy sugerente para la ética!
Te felicito por ello. Pero, ¿cómo vas a empezar?

**Dorian**     Casándome con Sibyl Vane.

**Henry**      ¡Casándote con Sibyl Vane! Vamos, querido
Dorian...

**Dorian**     Sí, ya sé lo que vas a decir. Seguramente algo
ingenioso y destructivo contra el matrimonio.
No lo digas. No vuelvas a decirme cosas de
ese tipo. Hace dos días le pedí a Sibyl que se

casara conmigo. No voy a romper mi palabra. ¡Será mi mujer!

**Henry**     ¡Tu mujer! ¡Dorian! Pero, entonces, ¿es que no sabes nada?

**Dorian**     ¿Qué quieres decir?

**Henry**     No te asustes, por favor... Sibyl Vane ha muerto.

**Dorian**     ¡Muerta! ¡Sibyl, muerta! ¡No es cierto! ¡Es una mentira horrible! ¿Cómo te atreves a decir eso?

**Henry**     Es completamente cierto. Sale en todos los periódicos de la mañana. Habrá investigación, por supuesto, y tú no debes mezclarte en ella. Este tipo de cosas ponen de moda en París a cualquiera, pero en Londres la gente tiene muchos prejuicios. Aquí no se puede debutar con un escándalo. Hay que reservarlo para dar interés a la vejez. ¿Supongo que no sabrán tu nombre en aquel teatro? ¿Te vio alguien ir a su camerino? Ese es un punto importante.

**Dorian**     ¿Has dicho una investigación? ¿Qué quieres decir con eso? ¿Es que Sibyl...? ¡No puedo soportarlo!

**Henry**     La encontraron muerta en el suelo de su camerino. Se había tomado algo por error, una cosa fatal de esas que utilizan en los teatros. No sé qué fue, pero tenía ácido prúsico o plomo blanco.

**Dorian**   ¡Es terrible!

**Henry**   Sí; es muy trágico, desde luego, pero no debes permitir que te destroce los nervios. Ven a cenar conmigo, y después echaremos un vistazo a la ópera. Esta noche canta Adelina Patti, y todo el mundo estará allí.

**Dorian**   De modo que soy yo, yo mismo, quien he asesinado a Sibyl... ¡Sí, asesinado! Tan cierto como si le hubiera cortado la garganta con un cuchillo. Y, sin embargo, los pájaros cantan igual de felices en el jardín. Y esta noche cenaré contigo, e iré a la ópera, y tomaré algo después. ¡Qué extraordinariamente dramática es la vida! Aquí está la primera carta apasionada de amor que he escrito. Y es extraño que esté dirigida a una chica muerta. ¡Harry, cómo la amaba! Ahora me parece que fue hace años. Ella lo era todo para mí. Después vino aquella noche horrorosa... ¿pero realmente fue anoche?... en que ella actuó tan mal, y casi se me rompió el corazón. Trató de explicármelo. Resultaba patética pero no me conmovió en absoluto. De repente, cuando volví a casa, sucedió algo que me hizo tener miedo, no puedo decirte qué, pero fue terrible. Entonces me dije que volvería con ella. Sentía que había hecho algo mal. Y ahora está muerta. ¡Dios mío! ¡Dios mío!, ¿qué voy a hacer? No sabes en qué peligro estoy, y no hay nada que me mantenga en el buen camino. Ella me habría ayudado. No tenía derecho a matarse. Ha sido muy egoísta, ¿no crees?

**Henry**     La única manera que tiene una mujer de reformar a un hombre es aburrirle de un modo tan perfecto que le haga perder todo posible interés por la vida.

**Dorian**     No sé, me parece que no sufro lo suficiente. ¿Por qué no puedo sentir esta tragedia tanto como quisiera? No soy humano, ¿verdad?

**Henry**     Has hecho demasiadas cosas tontas en los últimos quince días como para que se te conceda el derecho a ese calificativo. ¿Qué ha pasado realmente? Alguien se ha matado por amor a ti. Ojalá hubiese tenido yo alguna vez esa experiencia. Me habría enamorado del amor para el resto de mi existencia. La gente que me ha adorado, ha insistido siempre en seguir viviendo, mucho después de que hubieran dejado de importarme. ¡Qué diferente de todas las mujeres que conozco debe de haber sido Sibyl Vane! Para mí, hay algo sumamente bello en su muerte. Me alegro de vivir en un siglo en el que ocurren tales maravillas.

**Dorian**     Pero fui muy cruel con ella.

**Henry**     Estoy seguro de que estuviste espléndido. Nunca te he visto verdadera y completamente furioso, pero puedo imaginarme lo delicioso que resultaste.

**Dorian**     Ella nunca volverá a la vida.

**Henry**   No, no volverá a la vida. Ha representado su último papel. Fue un sueño, una pequeña flauta a través de la cual la música de Shakespeare sonaba con más fuerza, y llena de alegría. Llora a Ofelia, si quieres. Ponte ceniza en la cabeza porque hayan estrangulado a Cordelia. Grita contra el cielo porque la hija de Brabantio haya muerto. Pero no malgastes tus lágrimas en Sibyl Vane. Era menos real que ellas.

**Dorian**   Me has explicado a mí mismo, Harry. Sentí todo lo que tú has dicho, pero de alguna manera tenía miedo, y no podía expresarlo. ¡Qué bien me conoces! Te estoy muy agradecido. Eres mi mejor amigo. Nadie me ha entendido tan bien como tú.

Escena X
*Casa de Dorian Gray.*

**Basil**     Me alegro de encontrarte. Vine anoche, y me dijeron que estabas en la ópera. Desde luego sabía que era imposible, después de lo que ha pasado. Pero ¿dónde estabas? ¿Fuiste a ver a la madre de la chica? ¡Pobre mujer! ¡En qué estado debe de encontrarse! ¡Y era hija única, además!

**Dorian**     ¿Cómo voy a saberlo? Pues sí, estuve en la ópera. La Patti cantó de una manera divina. No me hables de temas horribles. Dice Harry que si uno no habla de una cosa, es como si no hubiera sucedido.

**Basil**     ¿Que fuiste a la ópera? ¿Fuiste a la ópera mientras Sibyl Vane yacía muerta en su camerino? ¿Puedes decirme que la Patti cantó de una forma divina, cuando la chica que amabas aún no tiene siquiera la paz de una tumba en la que dormir?

**Dorian**     ¡Calla, Basil! ¡No quiero oírte! Lo hecho, hecho está. Lo pasado, pasado.

**Basil**     ¿Puedes llamarle pasado a ayer mismo? Algo te ha cambiado por completo. Hablas como si no tuvieras corazón, ni piedad. Todo es influencia de Harry.

**Dorian**   Le debo mucho a Harry, más de lo que te debo a ti. Tú solo me enseñaste a ser presumido.

**Basil**   Y lo he pagado muy caro.

**Dorian**   No sé qué quieres decir. No sé qué pretendes. ¿Qué quieres?

**Basil**   Quiero al Dorian Gray de antes.

**Dorian**   Eres injusto. Vienes aquí a consolarme. Muy amable por tu parte. Pero me encuentras consolado, y te pones furioso. ¡Qué compasivo eres! No te has dado cuenta de cómo he crecido. Yo era un colegial cuando me conociste. Ahora soy un hombre. He cambiado, y tú debes seguir siendo mi amigo. Quiero a Harry, pero sé que tú eres mejor que él. No eres fuerte, tienes demasiado miedo a la vida, pero eres mejor. ¡Y qué felices éramos juntos! No me dejes, Basil, y no te enfades conmigo.

**Basil**   De acuerdo, pero tienes que venir a posar para mí otra vez. No puedo seguir sin ti.

**Dorian**   No puedo. ¡Es imposible!

**Basil**   ¿Quieres decir que no te gusta el retrato que te hice? ¿Dónde está? Es lo mejor que he pintado. Déjame verlo.

**Dorian**   No puedes verlo. No quiero que lo veas.

**Basil**   ¡Que no vea mi propia obra!

**Dorian**   Si intentas mirarlo, palabra de honor que no volveré a hablarte mientras viva. Te lo digo completamente en serio. Si lo miras, aunque sea solo una vez más, se acabó todo entre nosotros.

**Basil**   ¡Dorian!

**Dorian**   ¡No insistas!

**Basil**   Pero ¿qué te pasa? No voy a mirarlo si tú no quieres. Aunque me parece absurdo, porque voy a exponerlo en París este otoño. Así que tendré que verlo algún día.

**Dorian**   ¿Exponerlo? ¿Quieres exponerlo?

**Basil**   Supongo que no te opondrás. El retrato estará fuera solo un mes.

**Dorian**   Hace un mes me dijiste que nunca lo expondrías. ¿Por qué has cambiado de parecer? Le dijiste exactamente lo mismo a Harry. Basil, cada uno de nosotros tiene un secreto. Dime el tuyo, y yo te diré el mío. ¿Cuál era la razón por la que te negabas a exponer el cuadro?

**Basil**   Si te lo dijera, te reirías de mí. Si deseas que no vuelva a ver el cuadro, me conformo. Tu amistad es más querida para mí que la fama o la gloria.

**Dorian**   No, dímelo. Tengo derecho a saberlo.

**Basil**   ¿Has notado algo extraño en el cuadro? ¿Algo que probablemente no te chocó al principio, pero que de repente se te reveló?

**Dorian**   ¡Basil!

**Basil**   Ya veo que sí. Está bien. Desde el momento en que te conocí quedé dominado, alma, cabeza y fuerza por ti. Te adoraba. Sentía celos de las personas con las que hablabas. Quería tenerte todo para mí. Solo era feliz cuando estaba contigo. Cuando estabas lejos de mí, seguías presente en mi arte... Un día, pienso a veces que un día fatal, me decidí a pintar tu retrato. Mientras pintaba, cada capa de color parecía revelarme mi propio secreto. Empecé a temer que los demás descubrieran mi idolatría. No imaginaba que tú también te hubieras dado cuenta. ¿De verdad lo has visto en el retrato?

**Dorian**   He visto algo en él, sí, algo que me pareció muy curioso.

**Basil**   Entonces, ¿no te importa que lo vea?

**Dorian**   Ni hablar. No voy a consentir que te pongas delante del retrato nunca más.

**Basil**   Bueno, quizá tengas razón. Adiós, Dorian. No sabes cuánto me ha costado decirte esto.

**Dorian**   Pero ¿qué me has dicho? Que sentías que me admirabas demasiado. Eso no es un cumplido.

**Basil**      No era un cumplido. Era una confesión. Ahora que lo he dicho, algo se ha roto. Tal vez no debería poner uno en palabras su adoración.

**Dorian**      Tú y yo somos amigos, y debemos serlo siempre.

**Basil**      Tienes a Harry.

**Dorian**      Pero, si tuviera problemas, no recurriría a él. Iría a verte a ti.

**Basil**      ¿Posarás para mí otra vez?

**Dorian**      ¡Imposible!

**Basil**      Echas a perder mi vida al negarte.

**Dorian**      No puedo explicártelo, pero no debo volver a posar para ti jamás. Hay algo fatal en un retrato. Tiene vida propia.

ACTO 2

Escena I
*Casa de Dorian Gray.*

*Dieciocho años más tarde.*

**Basil**   ¡Dorian! Llevo esperándote desde las nueve. Me marcho a París en el tren de medianoche y tengo algo que decirte.

**Dorian**   Procura no hablar de nada serio.

**Basil**   En Londres se dicen las cosas más horribles sobre ti...

**Dorian**   No quiero oírlas. Me encantan los escándalos sobre los demás, pero los escándalos sobre mí no me interesan. No tienen el encanto de la novedad.

**Basil**   Tienen que interesarte. No querrás que la gente hable de ti como de un ser vil y degradado. Mira, yo no creo en absoluto esos rumores. Por lo menos no puedo creerlos ahora que te veo, cara a cara. Y, sin embargo, cuando estoy lejos de ti, y oigo que la gente murmura, no sé qué decir. ¿Por qué un caballero como el duque de Berwick abandona el salón del club en cuanto tú entras? ¿Por qué tantas personas decentes en Londres no vienen a tu casa ni te invitan a la suya? ¿Por qué resulta funesta tu amistad para los jóvenes? Ese desgraciado chico de la Guardia que se suicidó. Tú eras muy amigo suyo. Sir Henry Ashton tuvo que dejar Inglaterra, con su nombre manchado. Erais inseparables. ¿Qué pasó con Adrian Singleton y su abominable final? ¿Y el único hijo de Lord Kent? Me encontré ayer con su padre. Parecía roto, como deshecho por la vergüenza y la pena. ¿Y qué pasó con el joven duque de Perth? ¿Qué clase de vida lleva ahora...?

**Dorian**    Hablas de cosas de las que no sabes nada. Me preguntas por qué Berwick deja la habitación cuando entro yo. Es porque yo lo sé todo sobre su vida, no porque él sepa nada de la mía. Me preguntas por Henry Ashton y el joven Perth. ¿Le he enseñado yo a uno sus vicios, y al otro su depravación? Si el hijo de Kent es tonto y toma por esposa a una mujer de la calle, ¿qué tengo yo que ver en eso? Si Adrian Singleton escribe el nombre de su amiguito en un programa teatral y después lo pierde, ¿acaso soy yo su niñera?

**Basil**    Se tiene derecho a juzgar a un hombre por el efecto que ejerce en sus amigos. Los tuyos parecen perder el sentido del honor, de la bondad, de la pureza. Tú les has contagiado la locura por el placer. Tú los empujas hacia abajo. Sí, tú, tú mismo. Y no obstante puedes seguir sonriendo como sonríes ahora...

**Dorian**    Ten cuidado, Basil, estás yendo demasiado lejos.

**Basil**    Tengo que hablar, y tú debes escucharme. No voy a decirte que no quiero echarte un sermón. Sí, quiero sermonearte. Quiero que lleves una vida que haga que el mundo te respete. Quiero que tengas un nombre limpio y un pasado claro. Quiero que te liberes de esa gente con la que andas. No te encojas de hombros. Lord Gloucester era uno de mis mejores amigos en Oxford. Me enseñó la carta que te escribió su esposa cuando agonizaba, sola, en su villa de Menton. Tu nombre aparecía mezclado en la más horrible de las confesiones que yo haya leído jamás. Le dije que era absurdo, imposible, que yo te conocía bien y eras incapaz de algo así. ¿Conocerte? Me pregunto si te conozco. Para responder a esa pregunta debería ver tu alma...

**Dorian**    ¡Nada menos que ver mi alma! ¿Es eso lo que quieres? ¿De verdad? ¡Pues vas a verla por ti mismo esta noche! Ven: es obra tuya. ¿Por qué no habrías de verla? Te digo que vengas. Ya has parloteado sobre corrupción más de lo debido. Ahora vas a mirarla directamente a la cara.

(*Suben donde está el cuadro y* **Dorian** *lo descubre.*)

**Basil**    Pero... ¡No puede ser!... ¿Qué significa esto?

**Dorian**   Hace mucho, ¿te acuerdas?, cuando era casi un niño, me hiciste un retrato que me reveló la maravilla de la belleza. Fue hace dieciocho años. ¡Dieciocho años, Basil, ni uno menos! Lo máximo que puede durar la vida de alguien sin llegar nunca a sufrir... Ese cuadro tuyo me fascinaba, se convirtió casi en una religión para mí. En un instante de locura del que incluso ahora no sé si arrepentirme o no, formulé ante él un deseo, quizás podría llamársele una plegaria...

**Basil**    ¡Me acuerdo, sí! Dijiste... querías... ¡Pero no, eso es imposible!

**Dorian**   ¿Qué es imposible?

**Basil**    Me aseguraste que lo habías destruido.

**Dorian**   Me equivoqué. Me ha destruido él a mí.

**Basil**    No creo que este sea mi cuadro. ¡Es una burla... una blasfemia! No te pareces a ese horror. Tú no eras así... ¡no eres así!

**Dorian**   ¿No puedes ver ahora en él tu ideal? ¿Acaso ya no representa para ti la perfecta belleza?

**Basil**    Tiene los ojos de un demonio.

**Dorian**   Esa es la cara de mi alma.

**Basil**     Pero yo te miro y sigo viendo la pureza de tu mirada.

**Dorian**    ¿Por qué no me escuchas? ¡Te digo que ese es el retrato de mi alma, no del rostro que tengo, sino del rostro de lo que soy! Esto no es un cuadro. ¡No, maldito sea! Es un juez, un fiscal que me acusa... el verdugo que me castiga. Sé que para mí no habrá otro infierno que ese retrato, para siempre. Mi condena será contemplarlo frente a frente durante toda la eternidad.

**Basil**     ¡Qué tremenda lección para mí y para ti! Veo que la plegaria atroz de nuestro orgullo ha sido atendida. Por tanto, la plegaria de nuestro arrepentimiento, también lo será.

**Dorian**    Es demasiado tarde, Basil. Mira bien este cuadro y te darás cuenta de que ya es demasiado tarde.

**Basil**     ¡No, nunca es demasiado tarde! Arrodíllate e intentemos recordar alguna oración. ¿Cómo era? «Aunque tus pecados sean rojos como la púrpura, yo los haré blancos como la nieve».

**Dorian**    ¡Yo qué sé! ¡Pecados rojos o blancos! Para mí esas palabras ya no significan nada.

**Basil**     No digas eso. Has hecho ya bastante daño en tu vida. ¿No te das cuenta de cómo nos mira esa cosa maldita? Tenemos que arrepentirnos y rezar. Rezar...

**Dorian**   ¡Calla! Deja de gimotear. ¡Es tu cuadro, tu gran obra! ¡Has sido tú quien lo ha puesto en mi vida, como una maldición, como una losa sobre mi alegría! Pero yo sigo siendo inocente. ¡Inocente!

(**Dorian** *mira el cuadro, y con un repentino sentimiento de odio incontrolable hacia* **Basil**, *saca un cuchillo de algún sitio y lo mata.*)

Escena II
*Casa de Dorian Gray.*

**Alan**      Basta, Gray. No quiero saber nada más.

**Dorian**    Eres la única persona capaz de salvarme. Tú eres científico. Sabes de química y de cosas de ese tipo. Lo que tienes que hacer es destruir eso... lo que hay arriba, hasta que no quede el menor rastro. Tienes que convertirlo en un montón de cenizas que yo pueda esparcir en el aire. No debe quedar ni el menor rastro. El viento lo borrará todo.

**Alan**      Estás loco. Escucha, Dorian...

**Dorian**    Vuelves a llamarme Dorian.

**Alan**      Te digo que estás loco si te figuras que voy a mover ni un dedo para ayudarte. ¿Crees de veras que arriesgaría mi reputación y mi libertad por ti?

**Dorian**    Pero se trata de un suicidio...

**Alan**      Ya. ¿Quién le ha empujado a suicidarse? Seguro que has sido tú. ¿Cómo te atreves a pedirme a mí, sobre todo a mí, que te ayude?

**Dorian**    Muy bien, te he mentido. Ha sido un asesinato. Yo le he matado. No sabes lo que me había hecho sufrir... ¡no puedes imaginarte cómo he sufrido!

**Alan**   ¿Un asesinato? ¿A eso has llegado? No te preocupes, no voy a denunciarte. No es asunto mío. Pero no quiero tener nada que ver, ¿te enteras? Es mi última palabra.

**Dorian**   Alan, te lo suplico. Estoy aterrado. Quizá tú también te encuentres algún día en la misma situación. ¡No! No pienses en eso. Pero te ruego que me ayudes. En otro tiempo fuimos muy buenos amigos.

**Alan**   No me hables de aquellos días.

**Dorian**   Si no me ayudas estoy perdido. ¡Me ahorcarán! ¿Es que no lo entiendes?

**Alan**   Ya no me importa lo que te pase. Te lo mereces...

**Dorian**   Entonces... ¿Te niegas?

**Alan**   Ya te lo he dicho.

**Dorian**   Alan, te lo suplico. Por favor...

**Alan**   Es inútil.

**Dorian**   De modo que es esa tu última palabra...

**Alan**   No insistas más.

(**Dorian** *saca una carta y se la entrega a* **Alan**.)

**Dorian**   Lo siento por ti, pero no me dejas ninguna alternativa. Si no me ayudas tendré que hacer pública esa carta. Y ya sabes las consecuencias... He tratado de evitártelo. Tienes que ser justo y admitirlo. Me has tratado como nadie se había atrevido nunca a hacerlo... nadie vivo, por lo menos. Ahora soy yo quien dicta las condiciones. Ya sabes cuáles son. Es muy sencillo. Vamos, no te pongas enfermo ni me mires con esa cara. Hay que hacerlo cuanto antes.

**Alan**   Es que... ¡no puedo! ¿No te das cuenta de que no puedo?

**Dorian**   No tienes elección.

**Alan**   Entonces... déjame pensar. ¿Hay chimenea en esa habitación?... Tendré que ir a casa y recoger algunas cosas del laboratorio.

**Dorian**   No puedo dejarte salir de esta casa. Escribe una nota con lo que necesitas y mi criado lo traerá. (**Alan** *escribe la nota*.) Gracias, Alan. Me salvas la vida.

**Alan**   ¿Tu vida? Eres un criminal. Lo hago porque me obligas. Si yo fuese ahora mismo libre...

**Dorian**   Nadie es libre, amigo. Quisiera que sintieras por mí una milésima parte de la compasión que siento yo por ti. ¿Has acabado? Llamaré a mi criado.

(*Toca la campanilla para que venga el criado.*)

Escena III
*Jardín. Casa de Campo de Lady Agatha.*

**Agatha**    Harry, no me sorprende que el mundo diga que eres sumamente malo.

**Henry**    ¿Pero qué mundo dice eso? Solo puede ser el otro mundo. Porque este mundo y yo estamos en excelentes relaciones.

**Agatha**    Todo el mundo que yo conozco dice que eres malísimo.

**Henry**    Resulta monstruoso el modo en que la gente va por ahí diciendo a espaldas de uno cosas que son absoluta y completamente ciertas.

**Dorian**    ¿Verdad que es incorregible?

**Henry**    Eso espero. Las mujeres nos quieren precisamente por nuestros defectos.

**Harley**    Si no les quisiéramos por sus defectos, Lord Henry, ¿dónde estarían ustedes? Ni uno solo se casaría. Serían todos un rebaño de solterones desgraciados. Aunque desde luego no es que eso fuera a cambiarles mucho. Hoy día los hombres casados viven como solteros, y los solteros como casados.

**Henry**    ¡Caprichos del fin de siglo!

**Harley**     O del fin del mundo.

**Dorian**     Ojalá fuera el fin del mundo. La vida es una gran decepción.

**Agatha**     Cuando un hombre dice semejante cosa no es porque esté cansado de la vida, sino porque la vida se ha cansado de él. Mire, Dorian, Henry es malísimo, y a veces desearía haberlo sido yo también; pero usted en cambio está hecho para ser bueno. ¿Por qué no se casa de una vez? Aunque su apariencia sigue siendo implacablemente joven, calculo que está usted ya maduro para el matrimonio. Henry, ¿no crees que el señor Gray debería casarse?

**Henry**     Siempre se lo digo.

**Agatha**     Tenemos que buscarle una pareja adecuada. Voy a hacer una lista de todas las candidatas posibles.

**Dorian**     ¿Con sus respectivas edades, Lady Agatha?

**Agatha**     Desde luego, con sus edades ligeramente corregidas. Pero no hay que hacer nada con prisas. Quiero que sea lo que el Morning Post llama: una unión conveniente, y pretendo que los dos sean muy felices.

**Henry**     ¡Cuántas tonterías dice la gente de los matrimonios felices! En realidad, un hombre puede ser feliz con cualquier mujer, con tal de que no la quiera.

**Harley**   ¡Ah, qué cínico es usted! Estupendo. Tiene que venir a cenar conmigo pronto. Resulta usted un tónico admirable. Ande, dígame qué gente le gustaría conocer. Quiero prepararle una reunión deliciosa.

**Henry**   En general me gustan los hombres con futuro y las mujeres con pasado. ¿Podría usted encontrar convidados así? ¿O cree que resultaría una fiesta de faldas exclusivamente?

**Agatha**   (*A* **Gladis**, *que entra.*) ¿Qué tal el paseo, querida?

**Gladis**   El caballo ha disfrutado muchísimo. Yo vengo medio muerta.

**Agatha**   Pues vamos a ver si podemos resucitar comiendo algo. Ven, querida, Thomas no consiente retrasos ni siquiera en el campo.

**Henry**   ¿Estás ya mejor? Parecías inquieto durante el paseo.

**Dorian**   Estoy bien. Me encuentro algo cansado. Eso es todo.

**Henry**   ¿Te ha contado Dorian mis planes de volver a bautizar todo de nuevo, Gladis? Es una idea deliciosa.

**Gladis** Pero yo no quiero que me vuelvan a bautizar, Harry. Estoy satisfecha con mi nombre, y seguro que el señor Gray está contento con el suyo.

**Henry** Mi querida Gladis, no cambiaría yo ninguno de los dos por nada del mundo. Son perfectos. Estaba pensando principalmente en... las flores. Los nombres lo son todo.

**Gladis** Déjate de flores. ¿Cómo podríamos llamarte a ti?

**Dorian** El Rey de la Paradoja.

**Gladis** Es perfecto.

**Henry** ¡No se puede escapar a las etiquetas! Pero yo rechazo ese título.

**Gladis** La realeza no puede abdicar.

**Henry** ¿Deseas que defienda mi trono, entonces?

**Gladis** Sí, por favor.

**Henry** Pues escucha: yo digo las verdades de mañana. Y a eso le llamáis vosotros «paradojas».

**Gladis** Prefiero los errores de hoy.

**Henry** Me desarmas.

**Gladis** Solo te quito el escudo, Harry; no la espada.

**Henry**    Nunca doy mandobles contra la belleza.

**Gladis**   Ese es tu error, créeme. Valoras demasiado la belleza.

**Henry**    Lo admito: pienso que es mejor ser bello que ser bueno. Pero por otra parte nadie está más dispuesto que yo a reconocer que es mejor ser bueno que ser feo.

**Gladis**   ¿Entonces la fealdad es uno de los siete pecados capitales?

**Henry**    Todo lo contrario y mucho peor: la fealdad es una de las siete virtudes capitales. Tú, como buena conservadora, no debes despreciarlas. La cerveza, la Biblia y las siete virtudes capitales han hecho de nuestra Inglaterra lo que es. Lamentable, pero cierto.

**Gladis**   Eres un escéptico.

**Henry**    ¡Eso jamás! El escepticismo es el principio de la Fe.

**Gladis**   Me aturdes con tus sofismas. ¿Qué opina usted, señor Gray?

**Dorian**   Siempre estoy de acuerdo con Harry.

**Gladis**   ¿Incluso cuando está equivocado?

**Dorian**     Harry nunca se equivoca. Acierta hasta sin querer.

**Gladis**     ¿Y a usted le hace feliz semejante filosofía?

**Dorian**     No busco la felicidad. ¿Quién quiere algo tan pretencioso como ser feliz? Siempre me he contentado con buscar el placer.

**Gladis**     ¿Y lo ha encontrado, señor Gray?

**Dorian**     Demasiado a menudo.

**Henry**     Dorian es un hombre afortunado. Imagínese, hace años se le bautizó como el Príncipe Azul.

**Dorian**     (*Se aparta.*) ¡Ah! No me recuerdes eso.

**Gladis**     El señor Gray está algo repelente esta mañana.

**Henry**     Y tú, querida Gladis, flirteas con él de manera vergonzosa. Ten cuidado. Es demasiado fascinante.

**Gladis**     Precisamente en eso consiste la gracia. Si no lo fuera, no habría batalla.

**Henry**     ¿Y estás muy enamorada de él?

**Gladis**     Ojalá lo supiera.

(*La duquesa se aleja y* **Lord Henry** *se aproxima a* **Dorian**.)

**Henry**   A ti te pasa algo. Dime qué es.

**Dorian**   No te preocupes por mí.

**Henry**   ¡Qué absurdamente nervioso estás! Tienes que ir a mi médico cuando volvamos a la ciudad.

**Dorian**   Me parece haber perdido la pasión y olvidado el deseo. Estoy demasiado concentrado en mí mismo. Mi propia persona se ha vuelto una carga para mí. Quiero escapar, marchar, olvidar. Si pudiera...

Escena IV
*Taberna de mala muerte, donde evolucionan dos o tres putas.*

*En un rincón dormita, borracho, el marinero.*

**Prostituta**   ¡Así que has hecho un pacto con el diablo!

**Dorian**   ¡Maldita seas! ¡No se te ocurra volver a decirme eso!

**Prostituta**   Prefieres que te llamen Príncipe Azul, ¿verdad?

**Dorian**   ¿Por qué no te callas de una vez, zorra? ¿Acaso quieres que te parta la boca?

(*La amenaza con un gesto feroz y ella se achanta.* **Dorian** *va a la barra, pide de beber y comienza a hablar con otra prostituta. El marinero, espabilado al oír su diálogo, se acerca a la* **Prostituta** *primera.*)

**James**   ¿Quién es ese? ¿Por qué le has llamado así?

**Prostituta**   ¿Qué coño te pasa? He dicho que ha hecho un pacto con el diablo...

**James**   ¡Al diablo con el diablo! ¿Por qué le has llamado «Príncipe Azul»?

**Prostituta**   Así dicen que le llamaban antes. Fue una chica...

**James**   ¿Una chica? ¿Qué chica? ¡Venga, cuéntame más!

**Prostituta**   Págame una copa, guapo. ¡Qué curioso eres!

**James**   Te compraré una botella de ginebra para ti solita. Pero ahora cuéntame...

**Prostituta**   Bueno, pero lo has prometido, ¿eh? Aunque hay que ser idiota para fiarse de vosotros... Ella se fio, pobrecilla. O eso cuentan. Casi no me acuerdo. Como siempre estoy un poco trompa... Ya sabes cómo es la ginebra: ¡borra la pizarra y adiós memoria! Ella le llamaba «Príncipe Azul», y luego también las demás, por burla. ¡Príncipe Azul, imagínate!

**James**   Sí, sí, pero ¿quién era ella? ¿Qué le pasó?

**Prostituta**   ¿Ella? ¡Ah, esa chica! Pues murió, claro. Dicen que se mató. Seguramente por culpa suya, por eso él no quiere que le llamen «Príncipe Azul». Son los recuerdos, los malditos recuerdos... Lo mejor es no recordar. ¡Venga, mi ginebra! ¡Quiero beber! ¡Lo has prometido! ¡A la mierda, cabrón, eres como todos!

   (**Dorian** *sale de la taberna y* **James** *le sigue. Le alcanza y le amenaza con una pistola.*)

**Dorian**   ¿Qué es esto? ¿Qué quiere usted?

**James**   Cállese. Si se mueve, le pego un tiro.

**Dorian** Tome mi cartera. No llevo mucho, pero...

**James** ¡Guárdese su dinero! Le busco a usted.

**Dorian** Está loco. ¿Qué le he hecho yo?

**James** Destrozó usted la vida de Sibyl Vane. Y Sibyl Vane era mi hermana. Se mató. Por su culpa. ¿Cree usted que todo el mundo lo ha olvidado? Pues yo no. Juré que le mataría. Le he buscado durante años. No tenía ninguna pista. Las dos personas que podían haberle descrito estaban muertas. Solo conocía el nombre cariñoso por el que ella solía llamarle: «Príncipe Azul». De modo que es usted... ¡Asesino! Haga las paces con Dios porque va a morir.

**Dorian** Nunca he oído hablar de su hermana. ¿Sibyl... qué? Creo que está usted loco.

**James** Póngase de rodillas. Le doy un minuto, nada más. Rece, si sabe, o llore: como prefiera. Pero dese prisa porque solo tiene un minuto. Me embarco esta noche para la India y he de terminar antes este trabajo. Un minuto. Eso es todo.

**Dorian** Espere, por favor. Escuche, ¿cuánto tiempo hace que murió su hermana? ¡Rápido, dígamelo!

**James** Dieciocho años.

**Dorian** ¡Míreme la cara! ¿Qué edad cree que tengo? ¿Cuántos años tendrá hoy ese hombre que usted busca?

**James**   ¡Es verdad! ¡Es imposible! Y sin embargo... Pero no, no puede ser. ¡Dios mío! ¡Y pensar que he estado a punto de asesinarle!

(**Dorian** *se va. La* **Prostituta** *aparece detrás de* **James**, *que se ha quedado temblando.*)

**Prostituta**   ¿Por qué no lo has matado?

**James**   No es el hombre que estoy buscando. El que yo busco debe de tener ahora casi cuarenta años. Este no es más que un chico.

**Prostituta**   ¡Un chico! Hace casi dieciocho años que le conozco, a ese Príncipe Azul. ¡Si te contara las cosas que me ha hecho y las cosas que le he visto hacer!

**James**   ¡Mientes!

**Prostituta**   Ante Dios juro que estoy diciendo la verdad. Le conozco desde hace muchos, muchos años. Y casi no ha cambiado desde entonces. Yo sí. Todos hemos envejecido... menos él. Por eso aseguran que tiene un pacto con el diablo. Pero ¿sabes lo que yo creo? Que él mismo es el diablo, el diablo en persona.

**James**   Estás borracha.

**Prostituta**   Sí. Y tú harías bien en emborracharte también.

**James**   ¿Juras que es verdad lo que me has contado?

**Prostituta** Lo juro: ¡por estas! Pero no le cuentes que te he dicho nada. Le tengo miedo.

(**James** *corre en persecución de* **Dorian**. *Un* **Policía** *toca el silbato.*)

**Policía** ¡Alto! ¡Deténgase! ¡Cuidado con ese coche! (*Se oye un pataleo de caballos y gritos.*) ¡Dios mío, creo que le ha matado! ¡Sí, está muerto! ¿Alguien le conocía?

**Prostituta** Yo acababa de estar con él.

**Policía** ¿Quién era?

**Prostituta** No sé cómo se llamaba. Era un marinero. Y buscaba al Príncipe Azul...

Escena V
*Casa de Lord Henry.*

**Dorian** *sentado al piano.*

**Henry**      Eres casi perfecto. Por favor, no cambies.

**Dorian**    No, Harry. He hecho demasiadas cosas horribles en mi vida. Voy a cambiar. Pero no voy a hablar de eso, cuéntame algo tú.

**Henry**      La gente todavía habla de la desaparición de Basil.

**Dorian**    Me imaginaba que se habrían cansado ya a estas alturas.

**Henry**      Solo han estado hablando de eso durante seis semanas, y el público británico no está a la altura del esfuerzo mental que supone tener más de un tema cada tres meses. Últimamente han tenido mucha suerte, con mi divorcio y la misteriosa desaparición del gran artista. Scotland Yard todavía insiste en que el hombre del capote gris que salió hacia París en el tren de la medianoche del nueve de noviembre era el pobre Basil, y la policía francesa declara que Basil jamás llegó a París. Supongo que dentro de unas dos semanas, más o menos, nos dirán que se le ha visto en San Francisco. Es una cosa extraña, pero a todas las personas que desaparecen se las ve luego en San Francisco. Debe de ser una ciudad deliciosa.

**Dorian**  ¿Y qué piensas tú que le ha pasado a Basil?

**Henry**  No tengo la menor idea. Si Basil ha decidido ocultarse, no es asunto mío. Y si está muerto, no quiero pensar en él. La muerte es la única cosa que me aterroriza. La odio.

**Dorian**  ¿Por qué?

**Henry**  Porque se puede sobrevivir a todo hoy en día menos a eso. La muerte es la única institución antigua que no hemos podido abolir. Anda, toca a Chopin.

**Dorian**  Harry, ¿se te ha ocurrido alguna vez que Basil puede haber sido asesinado?

**Henry**  ¿Por qué iban a asesinarlo? No era suficientemente listo como para tener enemigos. Basil era más bien soso. A mí solo me impresionó una vez, y eso fue cuando me dijo, hace años, que sentía por ti una admiración loca, y que eras el motivo dominante de su arte.

**Dorian**  Yo le tenía mucho cariño. Escucha... ¿Qué pensarías si te dijera que yo he asesinado a Basil?

**Henry**  Diría que adoptas una pose que no te va. El crimen es vulgar, de la misma manera que la vulgaridad es un crimen. A ti no te va cometer un asesinato. Siento herir tu vanidad, pero te aseguro que es cierto.

**Dorian** ¿Crees que un hombre que haya cometido un asesinato puede volver a cometer otro?

**Henry** Cualquier cosa se convierte en placer si uno lo hace con frecuencia. Es uno de los secretos más importantes de la vida. Ojalá pudiera yo creer que Basil ha tenido un fin tan romántico como tú sugieres; pero no. Creo que se cayó de un autobús al Sena, y el conductor tapó el escándalo. Sabes, me parece que ya no habría hecho muchas más obras de calidad. Durante los últimos años su pintura se había ido deteriorando. Sí. En cuanto dejasteis de ser amigos, dejó él de ser un gran artista. ¿Qué os separó? Supongo que te aburría. Si es así, jamás pudo perdonarte. Por cierto... ¿qué ha pasado con aquél maravilloso retrato que te hizo? Era una obra maestra. Recuerdo que quise comprarlo. Ojalá lo tuviera ahora.

**Dorian** A mí nunca me gustó realmente ese cuadro. Siento haber posado para él. El recuerdo de esa pintura me es odioso. ¿Por qué hablas de él? Llegué a aborrecerlo. Me recordaba aquellos curiosos versos de una obra de teatro. De Hamlet, creo... ¿cómo son? Como la pintura de una pena, una cara sin corazón. Sí, así era aquel retrato.

**Henry** Para quien trata la vida artísticamente, el rostro importa más que su corazón.

**Dorian** Como la pintura de una pena, una cara sin corazón.

**Henry** Toca algo, y mientras, cuéntame en voz baja cómo has conservado la juventud. Tienes que tener algún secreto. Esta noche estás maravilloso. Me recuerdas el día en que te vi por primera vez. Estuviste deliciosamente refrescante, muy tímido y, sin duda, extraordinario. Has cambiado, desde luego, pero no de apariencia. Ojalá me contaras tu secreto. Por recuperar mi juventud, cometería cualquier locura, menos hacer gimnasia, levantarme temprano, o ser respetable. ¡Ah, la juventud! No hay nada como ella. ¡Qué precioso es eso que estás tocando! No pares. Esta noche quiero música. Pareces el joven Apolo, y yo, Marsias, escuchándote. También yo tengo penas de las que ni siquiera tú sabes nada. La tragedia de la vejez no es hacerse viejo, sino seguir siendo joven. Me sorprende, a veces, mi propia sinceridad. ¡Qué feliz eres! ¡Qué vida tan exquisita has llevado! Has bebido hasta el fondo todas las copas del deleite. Para ti todo ha sido música.

**Dorian** Sí, ha sido exquisita, pero ya no voy a seguir llevando la misma vida. No lo sabes todo sobre mí. Te ríes. No te rías.

**Henry** ¿Por qué has dejado de tocar? Toca otra vez.

(**Dorian** *se levanta.*)

**Henry**  Quédate, por favor. Había algo maravilloso en cómo estabas tocando esta noche.

**Dorian**  A partir de ahora voy a ser bueno.

**Henry**  ¡Qué cosas dices! No puedes cambiar conmigo. Tú y yo siempre seremos amigos. (*Sale* **Dorian**.) El parque está precioso. No ha habido lilas así desde el año que te conocí.

## Escena VI
*Casa de Dorian Gray.*

**Dorian** *entra en la habitación del cuadro y cierra la puerta. El cuadro está oculto por un paño.*

**Dorian**   ¡Empezar otra vez, de nuevo, alzarme desde la pureza del primer día! Sí, voy a empezar otra vez. Ahora me dedicaré al bien. Es posible, y lo haré. Les sorprenderé a todos. Pero antes debo liquidar el pasado por completo. ¡Aquí, en este cuadro, están mis años culpables, el tiempo del pecado! Por culpa de este cuadro no puedo ser bueno: pesa sobre mí como una lápida, me ahoga, me condena. Nadie puede volver a ser inocente si se siente permanentemente acusado. Es la mirada de ese monstruo pintado la que me hunde en el mal. Sus ojos me ensucian, más y más. ¡Debo librarme de él para volver a ser yo! (*Descubre el cuadro.*) ¡Maldito, yo no soy así! ¡Yo no soy ese! Lo fui, pero ya no quiero serlo más. ¡Vete, déjame libre! ¡Fuera, fuera! ¡Déjame vivir, sombra infame! ¡Vete!

(*Apuñala el cuadro y luego lanza un grito terrible, llevándose las manos a la cara. Sigue gritando hasta el silencio final. Cae el...*)

Telón.

Esta primera edición de *El retrato de Dorian Gray*
de Fernando Savater, terminó de imprimirse
en octubre de dos mil veinticinco,
en Madrid.